21 世纪成人高等教育精品教材

（修订版）

西方经济学学习指导

XIFANG JINGJIXUE XUEXI ZHIDAO

主　编　孟　辉
副主编　周维华
编写者　孟　辉　周维华　黄建新

WUHAN UNIVERSITY PRESS
武汉大学出版社

图书在版编目(CIP)数据

西方经济学学习指导/孟辉主编．—修订本.—武汉：武汉大学出版社，2017.1(2022.8 重印)
21 世纪成人高等教育精品教材
ISBN 978-7-307-19095-5

Ⅰ.西…　Ⅱ.孟…　Ⅲ. 西方经济学—成人高等教育—教学参考资料
Ⅳ.F091.3

中国版本图书馆 CIP 数据核字(2017)第 000309 号

责任编辑：聂勇军　李汉保　　责任校对：李孟潇　　版式设计：马　佳

出版发行：**武汉大学出版社**　(430072　武昌　珞珈山)
(电子邮箱：cbs22@ whu.edu.cn 网址：www.wdp.com.cn)
印刷：武汉邮科印务有限公司
开本：787×1092　1/16　印张：6.75　字数：156 千字
版次：2017 年 1 月第 1 版　　2022 年 8 月第 3 次印刷
ISBN 978-7-307-19095-5　　定价：15. 40 元

前　言

为方便学员学习《西方经济学》（武汉大学出版社 2017 年出版），我们着手编写了与该书配套的习题集，希望学员在学习教材内容的同时，更能巩固、消化、掌握已学习过的知识内容，提高课堂教学的效果。与教材一样，我们在习题集的编写方面也尽量贴近成人高等教育和高职教育的特点，使选择和设计的题目尽可能地既满足学生掌握西方经济学基本知识的要求，又防止因难度过大而望而生畏。同时，习题集的出版也可以帮助任课教师解决学生课程测验教学效果的需要。对于经济类和管理类其他相关专业的学生来说，本习题集同样可以作为复习或者巩固训练的参考用书。

本习题集的出版，仍然是集体合作的结果，具体分工如下：孟辉（第 1 章、第 3 章~5 章），黄建新（第 6 章~8 章、13 章），周维华（第 2 章、第 9 章~12 章）。孟辉、周维华最后负责对全书进行了统纂。本书在编写过程中参考了国内外众多学者的教科书、辅导书和习题集，在此对这些作者表示深深的谢意！由于编者水平所限，书中难免疏漏和错误的地方，恳请读者能够在使用过程中不吝批评指正！广州大学继续教育学院和武汉大学出版社为本习题集的出版付出了很多心血，在此一并致谢！

编　者

2016 年 8 月 30 日

目　　录

第1章　西方经济学导论

一、单项选择题

1. 经济学可以定义为(　　)。
   A. 政府对市场的调控
   B. 企业赚取利润的活动
   C. 研究对稀缺资源诸多用途的最合理配置和利用
   D. 个人的生财之道
2. 资源的“稀缺”是指(　　)。
   A. 资源具有不可再生性
   B. 相对于人们对资源的需求而言，资源总是不足的
   C. 资源必须保留给下一代
   D. 世界上资源最终将消耗光
3. 稀缺问题(　　)。
   A. 仅仅在对物品实行配给时才会发生　B. 仅仅发生于贫穷落后的国家
   C. 仅仅在一定的历史时期才发生　D. 所有人所有国家都会遇到
4. 经济学的核心问题是如何(　　)。
   A. 最充分利用稀缺资源　B. 利用政府部门的计划职能
   C. 降低人们的需要程度　D. 增加人们的知识
5. 微观经济学和宏观经济学分别研究(　　)。
   A. 现实的经济问题，抽象的经济理论　B. 个量经济，总量经济
   C. 理性行为，非理性行为　D. 企业行为，政府行为
6. 如果一国在生产可能性曲线内部生产(　　)。
   A. 只能通过减少一种商品的生产来增加另一种商品的生产
   B. 是高效率的生产
   C. 资源被平均分配给所有商品的生产
   D. 有些资源被闲置
7. 作为经济学的两个组成部分，微观经济学与宏观经济学是(　　)。
   A. 互相对立的　B. 没有任何联系的
   C. 既有联系，又有区别　D. 完全相同的
8. 生产可能性曲线说明的基本原理是(　　)。
   A. 一国资源总能被充分利用

B. 假定所有经济资源能得到充分利用，则只有减少其中一种物品生产才能增加另一种物品的生产
C. 改进技术引起生产可能性曲线向内移动
D. 经济能力增长唯一决定于劳动力数量

9. 经济学研究的资源配置问题包括(　　)。
A. 怎样生产　　B. 生产什么，生产多少
C. 为谁生产　　D. 以上都包括

10. 下面的方式中，不属于市场经济体制解决资源配置问题的方式是(　　)。
A. 分散决策　　B. 竞争生产
C. 纵向传递信息　　D. 要素市场定价

11. 下面各项(　　)是微观经济学研究的内容。
A. 经济波动和经济增长　　B. 贸易赤字对价格水平的影响
C. 商品价格的决定　　D. 失业和通货膨胀的关系

12. 研究厂商和单个居民行为的经济学被称为(　　)。
A. 规范经济学　　B. 实证经济学
C. 宏观经济学　　D. 微观经济学

13. 研究一个国家整体经济运行的经济学被称为(　　)。
A. 规范经济学　　B. 实证经济学
C. 宏观经济学　　D. 微观经济学

14. 一种所有决策都由政府来做出的经济，被称为(　　)。
A. 混合经济　　B. 市场经济
C. 标准经济　　D. 计划经济

二、多项选择题

1. 以下属于宏观经济学问题的是(　　)。
A. 一国教育支出增加 20%　　B. 今年物价水平上升 6%
C. 人民币汇率继续升值　　D. 某行业工人工资上升

2. 以下属于微观经济学问题的是(　　)。
A. 企业决定给员工加薪　　B. 我国对外贸易规模继续扩大
C. 政府对石化行业给予补贴　　D. 某行业价格水平下降

3. 以下各项（　　）属于规范经济学的范畴。
A. 最好的经济政策是一国的人均国民收入不断提高
B. 生产者会对需求的变化做出反应
C. 政府一国优先解决失业问题而不是通货膨胀
D. 市场机制提高了生产效率

4. 以下各项（　　）属于实证经济学的范畴。
A. 民营经济促进了我国经济的发展
B. 解决我国当前的收入分配问题是政府的首要任务

C. 对外贸易大大促进了我国的经济增长
D. 提高某个群体的个税水平是不公平的

5. 影响农产品生产的内生变量有(　　)。
A. 农产品价格　　B. 气候条件
C. 农产品供给量　　D. 农产品需求量

6. 以下说法不正确的是(　　)。
A. 经济学家像其他科学家一样运用理论和实验观察世界
B. 经济学的实验相对容易进行
C. 经济学家重视历史发展提供的自然实验
D. 经济学家并不运用实际观察来检验理论

7. 以下命题属于实证命题的有(　　)。
A. 油价上涨会减少用车的数量　　B. 政府应该采取措施使收入分配更公平
C. 牛肉与羊肉可以互相替代　　D. 汽油与小汽车是互补产品

8. 宏观经济学(　　)。
A. 探讨与失业有关的所有问题　　B. 分析失业的社会影响
C. 涉及失业给家庭生活带来的问题　　D. 探讨失业率波动的原因

9. 经济学家认为可以解决资源配置问题的经济体制大致有(　　)。
A. 市场经济　　B. 计划经济
C. 产品经济　　D. 混合经济

10. 下列说法中（　　）是经济理论的特点。
A. 经济理论能够解释一些现象　　B. 经济理论建立因果关系
C. 经济理论只与一组给定数据有关　　D. 经济理论可以在许多条件下应用

三、判断题

1. 没有稀缺问题，就没有经济学。(　　)
2. 只有落后国家才存在资源的稀缺性问题。(　　)
3. 随着技术进步和经济发展，稀缺问题最终将消失。(　　)
4. 宏观经济学的中心理论是国民收入决定论。(　　)
5. 研究宏观经济学的目的是为了使政府可以充分控制经济的发展。(　　)
6. 宏观经济学解决的问题是资源利用问题。(　　)
7. 由于宏观经济学研究的是总体经济，所以宏观经济分析模型的基础不再是对个人行为的分析。(　　)
8. 微观经济学和宏观经济学是经济学的两大分支，它们共同构成西方经济学的整体。(　　)
9. 当资源不能满足所有人的需求时，必须进行合理选择。(　　)
10. 经济学是研究收入分配问题的。(　　)
11. 市场经济中，政府仍然对资源配置发挥作用。(　　)
12. “生产什么”、“如何生产”和“为谁生产”这三个问题被称为资源利用问题。

(　　)

四、问答题

1. 什么是微观经济学？
2. 什么是宏观经济学？
3. 微观经济学的主要研究内容有哪些？
4. 宏观经济学的主要研究内容有哪些？
5. 微观经济学和宏观经济学是什么关系？

第1章习题参考答案

一、单项选择题

1. C　2. B　3. D　4. A　5. B　6. D　7. C
8. B　9. D　10. C　11. C　12. D　13. C　14. D

二、多项选择题

1. ABC　2. AD　3. AC　4. AC　5. ACD
6. BD　7. ACD　8. ABCD　9. ABD　10. ABD

三、判断题

1. ✓　2. ✕　3. ✕　4. ✓　5. ✕　6. ✓　7. ✓　8. ✓　9. ✓
10. ✕　11. ✓　12. ✕

四、问答题

1. 答：微观经济学以单个经济单位为研究对象，研究单个经济单位的经济行为以及相应的经济变量单项数值如何决定，从而说明价格机制如何解决社会的资源配置问题。

在这一定义中包含了这样几个内容：

第一，研究的对象是单个经济单位。单个经济单位是指组成经济的最基本的单位，即居民户与厂商。居民户又称为家庭，是经济中的消费者。厂商又称为企业，是经济中的生产者。在微观经济学的研究中，假设居民户与厂商经济行为的目标是实现最大化，即消费者居民户要实现满足程度（即效用）最大化，生产者要实现利润最大化。微观经济学研究居民户与厂商的经济行为，就是研究居民户如何把有限的收入分配于各种物品的消费，以实现满足程度最大化，以及厂商如何把有限的资源用于各种物品的生产，以实现利润最大化。

第二，解决的问题是资源配置。资源配置即以前所说的生产什么、如何生产和为谁生产的问题。解决资源配置的问题就是要使资源配置达到最优化，即在这种资源配置下能给社会带来最大的经济利润。资源配置问题是这样来解决的——生产什么和生产多少取决于消费者的货币选票，如何生产则取决于不同生产者之间的竞争，以及成本与收益的比较，为谁生产取决于生产要素供求关系所决定的要素价格。

第三，中心理论是价格理论。在市场经济中，居民户和厂商的行为要受到价格的支配，生产什么、如何生产和为谁生产都由价格决定。价格调节着整个社会的经济活动，通过价格的调节，社会资源的配置实现了最优化。因此，价格理论是微观经济学的中心，其他内容都是围绕这一中心问题展开的。

第四，研究方法是个量分析。个量分析是研究经济变量的单项数值如何决定。单个经济变量包括单个商品的产量、成本、利润、要素的数量、价格等，微观经济学就是要阐明这些单个经济变量之间的各种内在联系，从而确定和实现最优的经济目标。

2. 答：宏观经济学是以整个国民经济作为研究对象，研究社会总体经济问题以及相应经济变量的总量如何决定及其相互关系。在这一定义中包含了这样几个意思：

第一，研究的对象是整个经济。这就是说，宏观经济学所研究的不是经济中的各个单位，而是由这些单位所组成的整体。宏观经济学需要研究整个经济的运行方式与规律，从总体上分析经济问题。

第二，解决的问题是资源利用。宏观经济学研究的实际上是一国经济资源的利用现状怎样影响着国民经济总体，以及用什么手段来改善经济资源的利用，实现潜在的国民收入和经济的稳定增长。

第三，中心理论是国民收入决定理论。宏观经济学把国民收入作为最基本的总量，以国民收入的决定为中心来研究资源利用问题，分析整个国民经济的运行，其他理论都是围绕这一理论展开的。

第四，研究方法是总量分析。总量是指能够反映整个国民经济运行情况的经济变量，包括国民收入、就业、消费、储蓄、投资、物价水平、利息率、汇率等。总体经济问题则包括经济周期与经济增长、失业与通货膨胀、货币与财政政策、对外贸易与国际收支平衡等。

3. 答：微观经济学包括的内容很多，其中主要有：

第一，价格理论。研究商品的价格如何决定，以及价格如何调节整个经济的运行。这是微观经济学的中心，其他内容都是围绕这一中心而展开的。

第二，消费者行为理论。研究消费者如何把有限的收入分配于各种物品的消费上，以实现效用最大化。

第三，生产者行为理论。研究生产者如何把有限的资源用于各种物品的生产上，从而实现利润最大化。这一部分包括研究生产要素与产量之间关系的生产理论，研究成本与收益的成本与收益理论，以及研究不同市场条件下厂商行为的厂商均衡理论。

第四，收入分配理论。研究产品按什么原则分配给社会各集团与个人，即工资、利息、地租和利润如何决定。

第五，一般均衡理论与福利经济学。研究社会资源配置最优化的实现，以及社会经济福利的实现等问题。

4. 答：宏观经济学的主要内容包括：

第一，国民收入决定理论。国民收入是衡量一个国家经济资源利用情况和整个国民经济状况的基本指标。国民收入决定理论就是要从总需求和总供给的角度出发，分析国民收入决定及其变动的规律。这是宏观经济学的中心。

第二，失业与通货膨胀理论。失业与通货膨胀是各国经济中最主要的问题。宏观经济学把失业与通货膨胀和国民收入联系起来，分析其原因及其相互关系，以便找出解决这两个问题的途径。

第三，经济周期与经济增长理论。经济周期是指国民收入的短期波动，经济增长是指国民收入的长期增长趋势。这一理论要分析国民收入短期波动的原因和增长的源泉等问题，以期实现经济长期稳定的发展。

第四，财政与货币政策理论。宏观经济学是为国家干预经济服务的，宏观经济理论要为这种干预提供理论依据，而宏观经济政策则是要为这种干预提供具体的措施。宏观经济政策主要包括财政政策与货币政策。

5. 答：微观经济学与宏观经济学是相互区别的。两者的研究对象、解决的问题、中心理论、研究方法都不同。但是它们又是相互联系的，其联系表现在：

其一，它们是整体与个体之间的关系。如果说宏观经济学研究森林的特征，微观经济学则是考察构成森林的树木。

其二，微观经济学与宏观经济学两者是互为前提互相补充的。微观经济学以经济资源的最佳配置为目标，采取个量分析方法，而假定资源利用已经解决；宏观经济学以资源的有效利用为目标，采取总量分析的方法，而假定资源配置已经解决。所以都互相把对方所考虑的对象作为自己的理论前提，互相把对方的理论前提作为自己的研究对象。作为一个经济社会，不仅有资源配置问题，也有资源利用问题，只有把这两方面问题解决了，才能解决整个社会的经济问题。所以它们是各具功效、彼此补充，不可分离的整体。

其三，微观经济学与宏观经济学使用同样的分析方法。例如两者都使用科学的抽象方法，都使用静态均衡分析和动态过程分析的分析方法等；而在进行数量分析时两者都使用边际分析这样的分析式具等。

其四，微观经济学是宏观经济学的基础。整体经济是单个经济的总和，宏观经济学研究的经济总量是由微观经济学研究的经济个量综合而成的。所以，微观经济分析是宏观经济分析的基础。

第 2 章　均衡价格理论

一、单项选择题

1. 需求是指消费者(　　)。
   A. 在每一个价格水平上愿意而且能够购买的某种商品量
   B. 在市场上能够购买的商品量
   C. 实现最大限度满足所需要购买的商品量
   D. 在一定价格水平上愿意出售的商品量
2. 需求曲线是表示(　　)。
   A. 需求量与供给之间关系的曲线　　B. 需求量与货币之间关系的曲线
   C. 需求量与价格之间关系的曲线　　D. 需求量与收入之间关系的曲线
3. 保持所有其他因素不变，某种商品的价格下降，将导致(　　)。
   A. 需求增加　　B. 需求减少
   C. 需求量增加　　D. 需求量减少
4. 下列(　　)体现了需求规律。
   A. 药品的价格上涨，使药品质量得到了提高
   B. 汽油的价格提高，小汽车的销售量减少
   C. 手机价格提高，游览公园的人数增加
   D. 数码照相机价格下降，导致销售量增加
5. 需求定理意味着，在其他条件不变的情况下(　　)。
   A. 随着汽车价格上升，汽车需求量将增加
   B. 随着汽车价格上升，汽车需求量将减少
   C. 随着汽车价格上升，汽车需求量仍保持不变
   D. 随着汽车价格上升，汽车的需求量可能增加，可能减少，也可能不变
6. 根据需求定理，需求曲线是一条(　　)。
   A. 与横轴垂直的直线　　B. 与横轴平行的直线
   C. 向右上方倾斜的直线　　D. 向右下方倾斜的直线
7. 某种商品价格下降对其互补品最直接的影响是(　　)。
   A. 互补品的需求曲线向右移动　　B. 互补品的需求曲线向左移动
   C. 互补品的供给曲线向右移动　　D. 互补品的价格上升
8. 如果其他各种条件均保持不变，当 X 商品的替代品 Y 商品的价格上升时，对 X 商品的需求(　　)。

A. 增加　　B. 减少
C. 不变　　D. 无法确定

9. 下列各项（　　）将导致商品需求量的变动而不是需求的变动。
A. 消费者收入的变化　　B. 技术水平的变动
C. 消费者预期该商品的价格上升　　D. 该商品的价格下降

10. 假如生产某种商品所需原材料的价格上升了，这种商品的(　　)。
A. 需求曲线将向左方移动　　B. 供给曲线将向左方移动
C. 需求曲线将向右方移动　　D. 供给曲线将向右方移动

11. 下列商品（　　）的需求和价格之间的关系是需求规律的例外。
A. 面包　　B. 食盐
C. 低档品　　D. 炫耀性商品

12. 供给定理说明(　　)。
A. 生产技术的提高会使商品的供给量增加
B. 某种商品的价格上升将导致对该商品的供给量增加
C. 由于政府采取措施鼓励某种商品的生产，使得这种商品的供给量增加
D. 消费者喜欢消费某种商品，使该商品的供给量增加

13. 某种商品的供给曲线的移动不是由于(　　)。
A. 商品价格的变化　　B. 互补品价格的变化
C. 生产技术条件的变化　　D. 生产这种商品的成本的变化

14. 制衣厂工人工资提高将使(　　)。
A. 服装供给曲线左移并使服装价格上升
B. 服装供给曲线右移并使服装价格下降
C. 服装需求曲线左移并使服装价格上升
D. 服装需求曲线右移并使服装价格上升

15. 在均衡价格下(　　)。
A. 需求量超过供给量　　B. 供给量超过需求量
C. 供给量等于需求量　　D. 实际交易量小于均衡交易量

16. 如果某种商品的市场是均衡的，那么(　　)。
A. 生产者在现行价格时会增加生产
B. 消费者在现行价格时会增加购买
C. 不存在过剩与短缺
D. 生产者与消费者不愿意按现行价格进行交易

17. 如果市场价格低于均衡价格，那么(　　)。
A. 存在供给不足　　B. 存在供给过剩
C. 消费者希望降低价格　　D. 生产者希望降低价格

18. 根据供求定理，供给的变动引起(　　)。
A. 均衡价格和均衡数量同方向变动
B. 均衡价格和均衡数量反方向变动

C. 均衡价格反方向变动，均衡数量同方向变动

D. 均衡价格同方向变动，均衡数量反方向变动

19. 政府为了扶持农业生产，对农产品实行支付价格，政府为了维持这个高于均衡价格的支付价格，就必须(　　)。

A. 实行农产品供应的配给制　　B. 收购市场上过剩的农产品

C. 增加对农产品的税收　　D. 对农产品产量进行计划控制

20. 政府运用限制价格政策，会导致(　　)。

A. 产品大量积压　　B. 消费者随时都能买到自己需要的产品

C. 黑市交易　　D. 市场秩序稳定

21. (　　)反映的是商品需求量变动与消费者收入变动的敏感程度。

A. 需求价格弹性系数　　B. 需求收入弹性系数

C. 需求交叉弹性系数　　D. 需求弹性系数

22. 无论产品价格如何变动，某家庭对这种产品的需求量始终不变。这表明，这个家庭对这种产品的需求价格弹性为(　　)。

A. 完全弹性　　B. 完全无弹性

C. 缺乏弹性　　D. 单一弹性

23. 某家用洗衣机厂经过市场调查发现，其面临的需求曲线呈线性，现价每台 1 800 元，但每台提价至 2 700 元将无人购买。如果决定提价到 2 000 元，可以推断提价后的销售收入将(　　)。

A. 增加　　B. 不变

C. 减少　　D. 不确定

24. 假设对新房的需求收入弹性是 2.3，如果消费者的收入增加 2 个百分点，预计新房的数量(　　)。

A. 增加 2.3%　　B. 增加 2%

C. 增加 4.6%　　D. 减少 1%

25. 如果消费者认为一种物品很少有替代品，那么(　　)。

A. 供给将使价格富有弹性　　B. 供给将使价格缺乏弹性

C. 需求将使价格富有弹性　　D. 需求将使价格缺乏弹性

26. 假定某商品的价格从 3 美元降到 2 美元，需求量将从 9 单位增加到 11 单位，则该商品卖者的总收益将(　　)。

A. 保持不变　　B. 增加

C. 减少　　D. 无法知道

27. 如果一种商品的需求缺乏弹性，商品价格上升 5%将使(　　)。

A. 需求量的增加超过 5%　　B. 需求量的增加小于 5%

C. 需求量的减少超过 5%　　D. 需求量的减少小于 5%

28. 下列商品的需求价格弹性最小的是(　　)。

A. 小汽车　　B. 时装

C. 食盐　　D. 化妆品

29. 下列诸情形中，（　　）将意味着是吉芬商品。
A. 需求收入弹性和需求价格弹性都是正的
B. 需求收入弹性和需求价格弹性都是负的
C. 需求收入弹性为正，但需求价格弹性是负的
D. 需求收入弹性为负，但需求价格弹性为正
30. 一般地说，劣等商品的收入弹性(　　)。
A. 小于 1　　B. 大于 1
C. 为正值　　D. 为负值

二、多项选择题

1. 对西红柿需求的变化，可能是由于(　　)。
A. 消费者认为西红柿价格太高了
B. 消费者得知西红柿有益健康
C. 消费者预期西红柿将降价
D. 种植西红柿的技术有了改进
2. 以下(　　)项的需求和价格之间的关系，是需求规律的例外。
A. 大米　　B. 吉芬商品
C. 低档品　　D. 炫耀性商品
3. 在得出厂商的某种商品的供给曲线时，下列（　　）因素均假定为常量。
A. 技术水平　　B. 成本大小
C. 自然特点　　D. 所考虑商品的价格
4. 若某种商品需求的收入弹性为正，则该商品可能为(　　)。
A. 正常品　　B. 低档品
C. 奢侈品　　D. 必需品
5. 影响某种商品的需求价格弹性的因素有(　　)。
A. 该商品的可替代程度　　B. 商品的必需程度
C. 时间的长短　　D. 商品消费支出在总支出中所占的比重
6. 如果一种物品价格高于均衡价格，下列说法错误的有(　　)。
A. 存在过剩，而且价格将上升　　B. 存在过剩，而且价格将下降
C. 存在短缺，而且价格将上升　　D. 存在短缺，而且价格将下降
7. 下列（　　）属于支持价格的例子。
A. 租金控制
B. 广东省最低工资
C. 农产品保护价格
D. 当猪肉均衡价格为 25 元/公斤时，政府限制为 22 元/公斤
8. 市场经济中价格机制能够做到(　　)。
A. 通过降价鼓励消费者多消费　　B. 通过提价鼓励生产者多生产
C. 传递市场供求信息　　D. 实现全社会文明程度的提高

三、判断题

1. 如果需求增加，需求量一定增加。(　　)

2. 如果需求量增加，需求一定增加。(　　)

3. 假定其他条件不变，某种商品价格的变化将导致该商品的供给量变化，但不会引起供给的变化。(　　)

4. 当某种商品的价格上升时，其互补商品的需求将上升。(　　)

5. 需求的价格弹性为零意味着需求曲线是一条水平直线。(　　)

6. A 物品价格上升 10%引起 B 物品的需求增加 6%，那么 A 与 B 两种物品之间的交叉弹性为 0.6。(　　)

7. 在人们收入增加的情况下，某种商品价格下降，需求量必然增加。(　　)

8. 偏好的改变导致人们的需求在某条需求曲线上向上或向下移动，而收入的变动则引起需求曲线的移动。(　　)

9. 市场经济的协调机制是价格。(　　)

10. 在市场经济中，价格的调节可以使资源配置达到最优状态。(　　)

11. 小麦市场的变化将影响玉米和大米市场。(　　)

12. 如果价格和总收益呈同方向变化，则需求是富有弹性的。(　　)

13. 并不是所有商品的供给量都随着价格的上升而增加。(　　)

14. 限制价格是政府规定的某种产品的最低价格。(　　)

15. 为了维持价格上限，政府就要对供给不足的部分实行配给制和排队。(　　)

四、计算题

1. 已知某种商品的需求函数为 $Q_d=14-3P$，$Q_s=2+6P$。试求该商品的均衡价格和均衡交易量。

2. 某种商品的需求弹性系数为 2.5，当它降价 8%时，需求量会增加多少？

3. 假定对新汽车的需求价格弹性 $E_d=1.2$，需求收入弹性为 $E_y=3.0$，试计算：

(1) 其他条件不变，价格提高 3%对需求的影响；

(2) 其他条件不变，收入上升 2%对需求的影响。

4. 某纺织公司估计市场对腈纶的需求与居民收入之间的关系可以用函数 $Q=100+0.2Y$ 表示，这里的 Q 是需求量，Y 为收入。试求：

(1) 收入水平分别为 2 000 元、3 000 元、4 000 元时的需求量；

(2) 收入范围在 2 000 元到 3 000 元之间的收入弹性。

5. 如果一种商品价格上升 10%，另一种商品需求量增加了 15%，试问：这两种商品的需求交叉弹性是什么？这两种商品是什么关系？

6. 某种化妆品的需求弹性系数为 3，如果其价格下降 25%，需求量会增加多少？假设当价格为 20 元时，需求量为 2000 瓶，降价后需求量应该为多少？总收益有何变化？

7. 已知某一时期内某商品的需求函数为 $Q=50-5P$，供给函数为 $Q=-10+5P$。试求：

(1) 求均衡价格和均衡数量；

（2）假定供给函数不变，由于消费者收入水平提高，使需求函数变为 $Q=60-5P$。试求相应的均衡价格和均衡数量；

（3）假定需求函数不变，由于生产技术水平提高，使供给函数变为 $Q=-5+5P$。试求相应的均衡价格和均衡数量；

（4）试利用前面的分析，说明需求变动和供给变动对均衡价格和均衡数量的影响。

8. 假设公务乘客和度假乘客对从纽约到波士顿之间民航机票的需求如表 2-1 所示。

表 2-1

价格/（美元）	公务乘客需求量/（张）	度假乘客需求量/（张）
150	2 100	1 000
200	2 000	800
250	1 900	600
300	1 800	400

（1）票价从 200 美元上升到 250 美元时，试求公务乘客的需求价格弹性和度假乘客的需求价格弹性；

（2）试说明为什么度假乘客与公务乘客的需求价格弹性不同。

五、问答题

1. “谷贱伤农”，粮食丰收反而会带来农民收入的下降，试分析背后的经济学原因，并说明政府在农业领域可以发挥哪些作用。

2. 下列事件对产品 X 的需求会产生什么影响？

（1）产品 X 变得更为时兴；

（2）产品 X 的替代品 Y 的价格上升；

（3）预计居民收入将上升；

（4）预计人口将有一个较大的增长。

3. 价格调节经济的前提条件是什么？价格如何调节经济的运行？

4. 什么是均衡价格？它是如何形成的？

5. 什么是供求定理？

6. 经济学家认为，价格降低一定会使供给量下降是一条规律。但这个规律也有例外。例如，1985 年 29 英寸的彩色电视机每台卖 18 000 元，到 2005 年卖 3 000 元，然而销售量增加了 8 倍。可见，降低价格不一定会使供给量下降。你认为这个说法正确吗？为什么？

7. 试简述微观价格政策。

8. 试说明供给弹性的大小与时间的关系。

六、案例分析

1. 2010 年 10 月时，上海基围虾的价格已上升至 25～28 元/斤，比国庆期间的 15～18

元/斤高出许多。虾涨价的主要原因是冷空气大面积影响全国，为了保持鲜活，空运时要不断地给水箱加热保暖，导致成本增加。另外，也有异常天气和自身的种苗退化问题。全国气候异常再加上种源退化等因素，还导致了罗氏沼虾“苗荒”，实际育苗数比上年少了一半以上，这使得各地罗氏沼虾养殖面积大幅减少。比如江苏高邮地区，称得上是长三角最大的罗氏沼虾养殖基地，但由于买不到好的虾苗，2010 年养殖面积萎缩了一半，养殖户纷纷改养其他水产品。部分消费者表示前段时间农贸市场买得最多的是虾，虾价上涨后，最近上农贸市场买得最多的就是鱼了，虾价仍然居高不下。

根据材料回答以下问题：

（1）上述案例中，虾价上涨的原因是什么？试用相关的经济学原理进行解释；

（2）虾价上涨，你认为以后的一段时间内鱼价会不会上涨？为什么？

2. 西方的情人节不仅仅是一年中最为浪漫的节日，也是一些商家大赚一把的良机，情人节一天的玫瑰销售量占 2 月份销售量的 50%。因近几年来，在美国芝加哥商店一打玫瑰的价格已由平日的 8.00 美元上升至情人节的 19.99 美元。情人节另一个畅销货便是糖果，这一天的糖果销量占美国全年销量的 13%左右；然而，一包巧克力糖的价格在那天增长甚微。

试根据上述案例回答：为什么玫瑰价格猛涨而巧克力价格涨幅甚微？

第 2 章习题参考答案

一、单项选择题

1. A	2. C	3. C	4. D	5. B	6. D	7. A	8. A	9. D	10. B
11. D	12. B	13. A	14. A	15. C	16. C	17. A	18. B	19. B	20. C
21. B	22. B	23. C	24. C	25. D	26. C	27. B	28. C	29. D	30. D

二、多项选择题

1. BC　2. BD　3. ABC　4. ACD　5. ABCD　6. ACD　7. BC　8. ABC

三、判断题

1. ✓　2. ✕　3. ✓　4. ✕　5. ✕　6. ✓　7. ✕　8. ✕　9. ✓
10. ✓　11. ✓　12. ✕　13. ✓　14. ✕　15. ✓

四、计算题

1. 解：均衡时，供给量等于需求量，即 $Q_d=Q_s$，也就是 $14-3P=2+6P$，解得均衡价格 $P=\frac{4}{3}$，均衡交易量 $Q=10$。

2. 解：已知 $E_d=2.5$，$\frac{\Delta P}{P}=8\%$，根据需求弹性定义公式计算需求量会增加：

$$\frac{\Delta Q}{Q}=E_d\cdot\frac{\Delta P}{P}=2.5\times8\%=20\%。$$

3. 解（1）由需求价格弹性可知：$\frac{\Delta Q}{Q}=E_d\times\frac{\Delta P}{P}=1.2\times3\%=3.6\%$

即在其他条件不变的情况下，如果价格提高3%，则需求将下降3.6%。

（2）由需求收入弹性可知：$\frac{\Delta Q}{Q}=E_d\times\frac{\Delta I}{I}=3.0\times2\%=6\%$

即在其他条件不变的情况下，如果收入上升2%，则需求将上升6%。

4. 解（1）由题设，对腈纶的需求与居民收入间的函数关系为 $Q=100+0.2Y$，故

当 $Y=2\,000$ 元时，$Q=100+0.2\times2\,000=500$

当 $Y=3\,000$ 元时，$Q=100+0.2\times3\,000=700$

当 $Y=4\,000$ 元时，$Q=100+0.2\times4\,000=900$。

（2）由（1）知，当收入水平由2 000元变为3 000元时，$\Delta Q=700-500=200$，所以此范围的收入弹性为：$E_Y=\frac{200}{100}\times\left[\frac{2\,000+3\,000}{500+700}\right]=\frac{5}{6}$。

5. 解：（1）根据交叉弹性的弹性系数计算公式，将已知数据代入

$$E_{XY}=\frac{\frac{\Delta Q_X}{Q_X}}{\frac{\Delta Q_Y}{Q_Y}}=\frac{15\%}{10\%}=1.5。$$

（2）由于交叉弹性为正值，故这两种商品为替代关系。

6. 解（1）已知 $E_d=3$，$\Delta P/P=25\%$，根据计算弹性系数的一般公式计算需求量会增加

$$\Delta Q/Q=E_d\cdot\Delta P/P=3\times25\%=75\%。$$

那么，降价后的需求量为：2 000+2 000×75%=3 500（瓶）

（2）降价前的总收益 $TR_1=20\times2\,000=40\,000$（元）。

降价后的总收益 $TR_2=20\times$（1−25%）×3 500=52 500（元）。

从以上计算结果可知，该商品降价后总收益增加了52 500−40 000=12 500（元）。

7. 解：（1）将需求函数 $Q_d=50-5P$ 和供给函数 $Qs=-10+5P$ 代入均衡条件 $Q_d=Q_s$，有 $50-5P=-10+5P$，得 $P_e=6$。以均衡价格 $P_e=6$ 代入需求函数 $Q_d=50-5P$，得 $Q_e=50-5\times6=20$。

或者，以均衡价格 $P_e=6$ 代入供给函数 $Q_s=-10+5P$，得 $Q_e=-10+5\times6=20$。

所以，均衡价格和均衡数量分别为 $P_e=6$，$Q_e=20$。

（2）将由于消费者收入提高而产生的需求函数 $Q_d=60-5P$ 和原来供给函数 $Q_s=-10+5P$，代入均衡条件 $Q_d=Q_s$，有 $60-5P=-10+5P$，得 $P_e=7$。

以均衡价格 $P_e=7$ 代入需求函数 $Q_d=60-5P$，得 $Q_e=60-5\times7=25$，或者，以均衡价格 $P_e=7$ 代入供给函数 $Q_s=-10+5P$，得 $Q_e=-10+5\times7=25$。

所以，均衡价格和均衡数量分别为 $P_e=7$，$Q_e=25$。

(3) 将原需求函数 $Q_d=50-5P$ 和由于技术水平提高而产生的供给函数 $Q_S=-5+5P$，代入均衡条件 $Q_d=Qs$，有 $50-5P=-5+5P$，得 $P_e=5.5$。

以均衡价格 $P_e=5.5$ 代入需求函数 $Q_d=50-5P$，得 $Q_e=50-5\times5.5=22.5$，或者，以均衡价格 $P_e=7$ 代入供给函数 $Q_s=-5+5P$，得 $Q_e=-5+5\times5.5=22.5$。

所以，均衡价格和均衡数量分别为 $P_e=5.5$，$Q_e=22.5$。

(4) 由 (1) 和 (2) 可见，当消费者收入水平提高导致需求增加，即表现为需求曲线右移时，均衡价格提高了，均衡数量增加了。由 (1) 和 (3) 可见，当技术水平提高导致供给增加，即表现为供给曲线右移时，均衡价格下降了，均衡数量增加了。

总之，一般地，需求与均衡价格成同方向变动，与均衡数量成同方向变动；供给与均衡价格成反方向变动，与均衡数量成同方向变动。

8. 解：(1) 公务乘客 $E=\{(1\,900-2\,000)\div2\,000\}\div\{(250-200)\div200)\}=0.2$。

度假顾客 $E=\{(600-800)\div800\}\div\{(250-200)\div200\}=1$。

(2) 公务人员对出行时间没有选择性且对交通工具的选择范围也相对较小，度假人员可以自由选择出行时间与交通工具。

五、问答题

1. 答："谷贱伤农" 是指风调雨顺时，农民粮食增收，粮价却下降，卖粮收入反而比往年少的现象。

(1) 谷贱伤农的经济学分析。商品的需求价格弹性表示在一定时期内一种商品的需求量变动对于该商品的价格变动的反应程度。对于缺乏弹性的商品，降低价格会使厂商的销售收入减少，相反，提高价格会使厂商的销售收入增加，即商品的价格与销售收入呈同方向的变动。其原因在于：对于缺乏弹性的商品，厂商降价所引起的需求量的增加率小于价格的下降率。这意味着需求量的增加所带来的销售收入的增加量并不能全部抵消价格下降所造成的销售收入的减少量。所以，降价最终会使销售收入减少。

造成 "谷贱伤农" 这种现象的根本原因在于农产品往往是缺乏需求弹性的商品。农产品的丰收使供给增加，在需求缺乏弹性的作用下，农产品的均衡价格大幅度下降。由于农产品均衡价格的下降幅度大于农产品的均衡数量的增加幅度，最后致使农民总收入量减少。

(2) 政府在农业领域可以发挥的作用。由于农产品是缺乏弹性的商品，农产品的丰收反而会降低农民的收入，这会降低农民生产的积极性，因此政府需要采取措施保证农民的收入，具体来说，可以采取以下两个措施：第一，政府保护价收购。即在农业丰收时，为了避免价格大幅度下降，政府设定农产品收购保护价，这就保证了农民可以以较高的价格出售农产品，从而使得农产品丰收时农业也可以获得更高的收入，保证农民农业生产的积极性。第二，对农业生产进行补贴。政府可以采取直接补贴的形式，对进行农业生产的农民进行财政补贴，这种补贴实质上降低了农业生产的成本。农民不会因为农产品丰收反而收入减少，这保证了农民未来农业生产的积极性。

2. 答：（1）对产品 X 的需求会增加。因为产品 X 变得更受欢迎，就会有更多的人转向产品 X 的消费，导致产品 X 的需求曲线右移，从而在任一价格水平下大大增加对 X 的需求量。

（2）对产品 X 的需求会增加。因为作为产品 X 的替代品，当产品 Y 的价格上涨后，人们会减少对产品 Y 的需求量，并通过多消费产品 X 来实现替代。此时，产品 X 的需求曲线右移，在任一价格水平下增加了对产品 X 的需求量。

（3）对产品 X 的需求要视产品 X 是正常品还是低档品而定。若 X 是正常品，居民收入上升意味着他们购买力的增强，将使他们增加对包括产品 X 在内的正常商品的需求量；相反，若 X 是低档品，居民收入上升后，他们会转向质量较高的商品的消费，从而减少对产品 X 的需求量。

（4）对产品 X 的需求增加。因为预期人口有较大的增长，将产生新增人口对产品的额外需求。产品 X 的需求曲线右移，从而在任一价格水平下增加了对产品 X 的需求量。

3. 答：（1）市场经济中价格的调节作用以三个重要的假设为前提条件。第一，人是理性的。第二，市场是完全竞争的。第三，信息是完全的。

（2）当市场上某种商品的供给大于需求时会使该商品的价格下降。这样，一方面刺激了消费，增加了对该商品的需求，另一方面又抑制了生产，减少了对该商品的供给。价格的这种下降，最终必将使该商品的供求相等，从而资源得到合理配置。同理，当某种商品供给小于需求时，也会通过价格的上升而使供求相等。价格的这一调节过程，是在市场经济中每日每时进行的。价格把各个独立的消费者与生产者的活动联系在一起，并协调他们的活动，从而使整个经济和谐而正常地运行。

4. 答：（1）均衡价格是指一种商品需求量与供给量相等时的价格。这时该商品的需求价格与供给价格相等称为均衡价格，该商品的需求量与供给量相等称为均衡数量。

（2）均衡价格是在市场上供求双方的竞争过程中自发地形成的。当供大于求时，生产者之间的竞争会导致价格下降；当供小于求时，消费者之间的竞争导致价格上升；只有当供给量等于需求量，并且供给价格等于需求价格时，双方处于相对平衡状态，此时的价格就是均衡价格。

5. 答：（1）需求的增加引起均衡价格上升，需求的减少引起均衡价格下降。

（2）需求的增加引起均衡数量增加，需求的减少引起均衡数量减少。

（3）供给的增加引起均衡价格下降，供给的减少引起均衡价格上升。

（4）供给的增加引起均衡数量增加，供给的减少引起均衡数量减少。

6. 答：不正确。对于一般商品来说，在其他因素不变的条件下，降低价格一定会使其供给量下降这条规律是无可疑义的，它也确有极少的例外，如土地的供给便是。但电视机这类普通商品的供给是遵循这条普遍规律的。在生产技术、生产要素的价格等因素不变的情况下，当计算器价格下降时，其供给量必定减少，当价格上升时，其供给量必定增加。

但在现实中生产技术等因素是在不断变化的。这 20 年来生产彩色电视机的生产技术有了发展，其劳动生产率有了很大提高，这使得任一价格水平下生产者愿意且能够提供的彩色电视机数量有了大幅度的增加。假设对彩色电视机的需求状况不变，新的供给曲线与需求曲线共同决定的均衡价格将会下降，均衡产销量却会大量增加。

7. 答：微观价格政策是政府为了纠正市场机制的自发调节给社会带来的有害方面而采取的影响或变动市场价格的措施。一般采用支持价格和限制价格。

（1）支持价格是政府为了扶持某一行业的生产而规定的该行业产品高于均衡价格的最低价格。当价格被限定在高于均衡价格水平时，对于供给者而言，高价格意味着高利润，生产者就会从中得到更多的好处，并且相应地供给量也多，支持价格起到了鼓励生产的作用；而对于消费者来说，高价格则意味着高支出，从而迫使消费者减少该商品的消费，以致起到抑制需求的作用。

（2）限制价格是政府为了限制某些重要产品的价格上涨而对这些产品规定的最高价格。政府通过立法或行政命令强行把价格规定在低于均衡价格水平之下。把价格限制在低于均衡价格的水平上，则可以起到鼓励需求一方同时又限制供给一方的作用。这时需求超过供给。为了使得限制价格有效，政府往往采用各种形式的配给制。

8. 答：（1）供给取决于生产。影响供给的因素很多，影响一种商品供给弹性的因素也很多，但最重要的是时间因素。

（2）在微观经济分析中，时期长短与时间多少无关，而取决于生产要素的调整。如果在某一时期内生产中所使用的生产要素完全可以根据产量来调整，这一时期就称为长期。如果在某一时期内所使用的生产要素一部分可以根据产量调整，而另一部分生产要素不能根据产量调整，这一时期就称为短期。

（3）供给弹性的大小与时间无关。一般来说，在价格发生变化时，供给量很难调整，即生产无法立即增加或减少，所以，即期供给弹性几乎为 0。换言之，在价格变动之后的极短时间内，供给量几乎不变。在短期中，价格变动后，可以通过调整劳动力、原材料这类生产要素来改变供给量。但由于生产规模不能变，调整的幅度有限，短期中供给缺乏弹性。在长期中，价格变动后可以调整生产规模，供给可以充分调整，长期中供给富有弹性。

六、案例分析

1. 答：（1）虾成本的上升和气候的变化，导致虾的供给减少，在其他因素不变的情况下，价格上升，人们减少对虾的购买，转而增大对鱼的购买量。但是，需求减少的幅度比供给减少的幅度要小，所以均衡价格最终还是上升了。这说明，当需求与供给的变化对均衡价格产生不同方向的影响时，还需考虑它们变化幅度的相对大小以确定均衡价格的最终变化趋势。

（2）可以预见鱼的价格也会上升。因为鱼和虾互为替代品。由于虾价上升，人们更多地去购买鱼替代虾的消费，鱼的需求也会增加，在影响鱼的供给因素没有发生变化的条件下，鱼价上涨。

2. 答：玫瑰的供给曲线是一条相对陡峭的曲线。情人节玫瑰价格上升快，背后有两个原因：

（1）供给本身缺乏弹性；要增加玫瑰的供给量就必须使用更多的土地种植玫瑰，这就要减少其他花卉的产量。

（2）不便于保存；在节日前大量生产玫瑰花并储存较长时间很不容易。

巧克力的供给曲线比较平坦。

（1）增加巧克力的产量较为容易；

（2）节日前储存大量巧克力以满足节日需求并不难。玫瑰花和巧克力的供给与需求关系如图 2-1 所示。

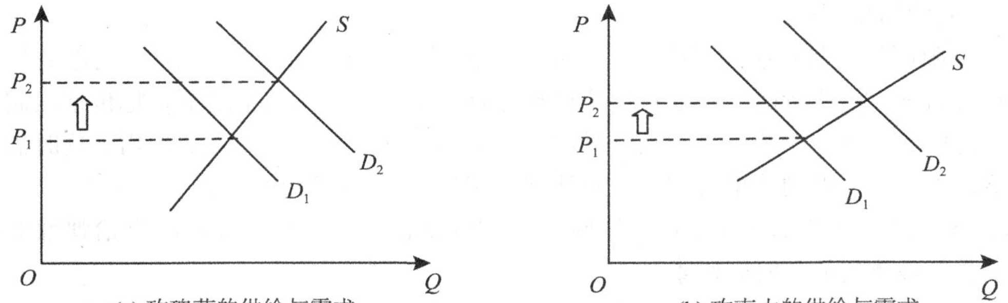

(a) 玫瑰花的供给与需求　　(b) 攻克力的供给与需求

图 2-1

第3章 消费者行为理论

一、单项选择题

1. 当总效用增加时，(　　)。

A. 边际效用小于零而增加　　B. 边际效用小于零而减少

C. 边际效用为零　　D. 边际效用大于零但递减

2. 吉芬商品是(　　)。

A. 低劣商品　　B. 高档商品

C. 价格上升需求量增加的生活必需品　　D. 收入增加需求量增加的商品

3. 消费者的无差异曲线上的每一点代表着(　　)。

A. 消费者消费不同商品组合的效用相同

B. 效用不最大

C. 可能最大也可能不最大

D. 没有更多的信息而无法回答

4. 下列各项中（　　）不是消费者均衡的条件。

A. 消费者在每种商品上支出的边际效用与价格之比相等

B. 无差异曲线与预算线相切

C. 边际替代率等于消费的商品价格比率

D. 消费者的支出最少

5. 政府对某种商品的消费给予价格补贴，那么，(　　)。

A. 消费者的预算线向原点方向移动　　B. 消费者的预算线向远离原点的方向移动

C. 价格下降　　D. 生产者将处于不利地位

6. 无差异曲线上商品 X、Y 的边际替代率等于它们的(　　)。

A. 价格之比　　B. 数量之比

C. 边际效用之比　　D. 边际成本之比

7. 序数效用论者认为，商品效用的大小(　　)。

A. 取决于它们的价值　　B. 可以用序数来表示

C. 可以比较　　D. 无法比较

8. 边际效用递减是由于(　　)决定的

A. 人的欲望是有限的　　B. 人的心理或生理特点

C. 人的欲望的多样性　　D. 商品用途的多样性

9. 某商品价格下跌，消费者实际收入增加，反而使该商品消费量下降，收入效应为负值，该商品为(　　)。

A. 正常商品　　B. 劣等品

C. 耐用品　　D. 替代品

10. 当某消费者对商品 X 的消费达到饱和点时，则边际效用 MU_X 为(　　)。

A. 正值　　B. 负值

C. 零　　D. 不确定，需视具体情况而定

11. 总效用曲线达到顶点时，边际效用(　　)。

A. 达到最大　　B. 达到最小

C. 为零　　D. 为正值

12. 同一条无差异曲线上的不同点表示(　　)。

A. 效用水平不同，但所消费的两种商品的组合比例相同

B. 效用水平相同，但所消费的两种商品的组合比例不同

C. 效用水平不同，所消费的两种商品的组合比例也不同

D. 效用水平相同，所消费的两种商品的组合比例也相同

13. 预算线反映了(　　)。

A. 消费者的收入约束　　B. 消费者的偏好

C. 消费者的人数　　D. 货币的购买力

14. 某消费者消费 A、B 两种商品，假定消费者的收入增加了一倍，同时两种商品的价格也提高了一倍，该消费者的预算线将(　　)。

A. 向外平移但斜率不变　　B. 向外移动但更陡峭

C. 向外移动但更平缓　　D. 不变

15. 预算线上每一点所反映的可能购买的商品的数量组合是(　　)。

A. 相同的　　B. 不同的

C. 在某些场合下相同　　D. 以上都不对

二、多项选择题

1. 随着消费商品数量的增加(　　)。

A. 总效用变小

B. 每增加 1 单位商品带来的效用增加越来越小

C. 边际效用递减

D. 边际效用先大于零，后小于零

2. 序数效用论认为(　　)。

A. 效用能够用数字度量　　B. 不同人的效用能够比较

C. 效用不能够用数字度量　　D. 效用不能加总

3. 一般来说，无差异曲线有以下性质(　　)。

A. 斜率为正　　B. 不会相交

C. 相互平行　　D. 向右下方倾斜，其斜率为负

4. 有可能导致消费者均衡移动的因素是(　　)。

A. 收入变化　　B. 消费商品的价格变化
C. 偏好变化　　D. 生产材料价格变化

5. 恩格尔定律是指(　　)。
A. 价格上升，需求量减少
B. 价格上升，供给量增加
C. 收入增加时，服装上的支出基本保持不变
D. 收入增加时，食品上的支出比例基本不变

6. 消费者行为理论中的消费者包括(　　)。
A. 一个企业　　B. 一个团体
C. 一个家庭　　D. 一个人

7. 根据无差异曲线分析，消费者均衡是无差异曲线与预算线的(　　)。
A. 交点　　B. 切点
C. 横轴截距相等之点　　D. 斜率相等之点

8. 当物品的数量增加时，总效用的变化可能是(　　)。
A. 随物品的边际效用增加而增加　　B. 随物品的边际效用增加而下降
C. 随物品的边际效用下降而增加　　D. 随物品的边际效用下降而下降

9. 某消费者的无差异曲线族中的两条不同的无差异曲线(　　)。
A. 不相交　　B. 不接触
C. 可相交　　D. 可相切

10. 无差异曲线具有的特征是(　　)。
A. 向右下方倾斜　　B. 远离原点的无差异曲线具有较大的效用
C. 任意两条无差异曲线不能相交　　D. 是斜率为负的曲线

11. 在消费者收入与商品价格既定的情况下，消费者所能购买到的两种商品数量最大组合的点的轨迹是(　　)。
A. 等产量线　　B. 无差异曲线
C. 预算线　　D. 消费可能线

12. 效用在以下情形可能是不同的，这些情形是(　　)。
A. 不同的人对同一物品　　B. 同一个人对不同的物品
C. 同一个人对同一物品在不同的时间　　D. 同一个人对同一物品在不同的地点

13. 随着消费者对一种商品的消费数量的增加，则(　　)。
A. 总效用可能增加　　B. 总效用可能减少
C. 总效用可能不变　　D. 边际效用减少

14. 消费者预算线取决于(　　)。
A. 消费者的收入　　B. 价格水平
C. 商品的效用　　D. 消费者的需求

15. 如果实现了消费者均衡，那么，在消费者收入和商品价格既定时一定有(　　)。
A. 实现了效用最大化
B. 实现了边际效用的最大化

C. 最后消费一个单位的各种商品的边际效用都相等

D. 花费最后一个单位货币在任何一种商品上的边际效用都相等

三、判断题

1. 同样商品的效用因人、因时、因地的不同而不同。(　　)

2. 效用就是使用价值。(　　)

3. 基数效用论采用的分析方法是无差异曲线分析法。(　　)

4. 只要商品的数量在增加，边际效用大于零，消费者得到的总效用就一定在增加。(　　)

5. 当消费者从物品消费中所获得的总效用不断增加时，边际效用总是正的。(　　)

6. 如果消费者从每一种商品中获得的总效用与它们的价格之比分别相等，他将获得最大效用。(　　)

7. 在同一条无差异曲线上，同一个消费者所得到的总效用是无差别的。(　　)

8. 两条无差异曲线的交点所表示的商品组合，对于同一个消费者来说具有不同的效用。(　　)

9. 在消费者的收入和商品的价格一定的条件下，消费可能线是一条确定的直线。(　　)

10. 在无差异曲线与消费可能线的交点上，消费者所得到的效用达到最大。(　　)

11. 无差异曲线离原点越远，表示消费者所得到的总效用越小。(　　)

12. 如果消费者的收入增加而商品的价格不变，则无差异曲线向右上方平行移动。(　　)

13. 消费者均衡之点是无差异曲线与消费可能线的相切点。(　　)

14. 在任何一个社会中，消费都是消费者个人的事，政府不必用政策进行调节。(　　)

15. 个人消费不会对社会带来不利的影响。(　　)

四、计算题

1. 根据表 3-1 计算，并将计算结果填入表 3-1 中的空格内。

表 3-1

面包的消费量	总效用	边际效用
1		20
2	30	
3		5

2. 如果消费者有必须消费支出的 200 元货币去市场上购买面包与饮料。其中，面包的价格为 20 元 1 000 克；饮料的价格为 40 元 1 000 克。并且消费者也知道它们的边际效

用如表 3-2 所示。试问：消费者购买多少面包与饮料可以实现效用最大化即消费者均衡？为什么？

表 3-2

面包/（kg）	边际效用	饮料/（kg）	边际效用
1	100	1	200
2	90	2	170
3	80	3	140
4	70	4	110
5	60	5	80
6	50		
7	40		
8	30		

3. 某消费者收入为 120 元，用于购买 X 和 Y 两种商品，X 商品的价格 $P_x=20$ 元，Y 商品的价格 $P_y=10$ 元。

（1）试作出一条消费可能曲线。

（2）试问所购买的 X 商品为 4，Y 商品为 6 时，应该是哪一点？在不在消费可能曲线上？

（3）试问所购买的 X 商品为 3，Y 商品为 3 时，应该是哪一点？在不在消费可能曲线上？

五、问答题

1. 基数效用论和序数效用论的基本观点是什么？它们各采用何种分析方法？
2. 什么是边际效用递减规律？如果你是厂商，边际效用递减规律对你有什么启发？
3. 试用边际效用分析法分析消费者均衡。
4. 无差异曲线的特征是什么？
5. 试用无差异曲线和消费可能曲线说明如何实现消费者均衡。

六、案例分析

1. 吃三个面包的感觉

美国总统罗斯福连任三届后，曾有记者问他有何感想，总统一言不发，只是拿出一块三明治面包让记者吃，这位记者不明白总统的用意，又不便问，只好吃了。接着总统拿出第二块，记者还是勉强吃了。紧接着总统拿出第三块，记者为了不撑破肚皮，赶紧婉言谢绝。这时罗斯福总统微微一笑："现在你知道我连任三届总统的滋味了吧？"这个故事揭示了经济学中的一个重要的原理：边际效用递减规律。试问：

（1）什么是边际效用递减规律？

（2）试用边际效用递减规律分析美国总统罗斯福连任三届后的感觉。

2. 把每 1 分钱都用在刀刃上

假定一元钱的边际效用是 5 个效用单位，一件上衣的边际效用是 50 个效用单位，消费者愿意用 10 元钱购买这件上衣，因为这时的一元钱的边际效用与用在一件上衣的一元钱边际效用相等。此时消费者实现了消费者均衡，也可以说实现了消费（满足）的最大化。低于或大于 10 元钱，都没有实现消费者均衡。可以简单地说在消费者收入既定、商品价格既定的情况下，花钱最少，而得到的满足程度最大就实现了消费者均衡。

通俗地说，假定消费者有稳定的职业收入，消费者银行存款有 50 万，但消费者非常节俭，吃、穿、住都处于温饱水平，实际上这 50 万足以使消费者实现小康生活。要想实现消费者均衡，消费者应该用这 50 万的一部分去购房，用一部分去买一些档次高的服装，银行也要有一些积蓄；相反如果消费者没有积蓄，购物欲望非常强，见到新的服装款式，甚至借钱去买，买的服装很多，而效用降低，若遇到一些家庭风险，没有一点积蓄，会使生活陷入困境。

还比如消费者在现有的收入和储蓄下是买房还是买车，消费者会作出合理的选择。他走进超市，见到如此之多的琳琅满目的物品，消费者会选择自己最需要的。你去买服装肯定不会买回自己已有的服装。试问：

（1）什么是消费者均衡？

（2）为什么对我们每个家庭来说，使每 1 分钱都用在刀刃上就实现了消费者均衡？

第 3 章习题参考答案

一、单项选择题

1. D　2. C　3. A　4. D　5. B　6. C　7. C　8. B　9. B　10. C
11. C　12. B　13. A　14. D　15. B

二、多项选择题

1. BCD　2. BCD　3. BD　4. ABC　5. CD　6. BCD　7. BD　8. BD
9. AB　10. ABCD　11. CD　12. ABCD　13. ABCD　14. AB　15. ACD

三、判断题

1. ✓　2. ×　3. ×　4. ✓　5. ✓　6. ×　7. ✓　8. ×　9. ✓
10. ×　11. ×　12. ✓　13. ✓　14. ×　15. ×

四、计算题

1. 解：根据表 3-1 计算，计算结果如表 3-3 所示。

面包的消费量	总效用	边际效用
1	20	20
2	30	10
3	35	5

2. 解：已知：$P_X=20$　$P_Y=40$　$M=200$。

购买多少面包与饮料可以实现效用最大化即消费者均衡？因为，消费者均衡的前提条件是

$$M=P_X \cdot Q_X+P_Y \cdot Q_Y$$

购买 4 公斤面包和 3 公斤饮料符合以上条件，即

$$4\times20+3\times40=200\text{（元）}$$

又因为：消费者均衡的条件是

$$\frac{MU_X}{P_X}=\frac{MU_Y}{P_Y}=MU_m$$

购买 4 公斤面包和 3 公斤饮料也符合以上均衡条件

$$\frac{70}{20}=\frac{140}{40}=3.5=MU_m$$

此时，消费者获得了最大的总效用

$$100+90+80+70+200+170+140=850$$

所以，购买 4 公斤面包和 3 公斤饮料既符合消费者均衡的前提条件，也符合消费均衡的实现条件，消费者在 200 元内实现了效用最大化。

3. 解：已知 $M=120$，$P_x=20$，$P_y=10$。

（1）作出一条消费可能线，如图 3-1 所示。

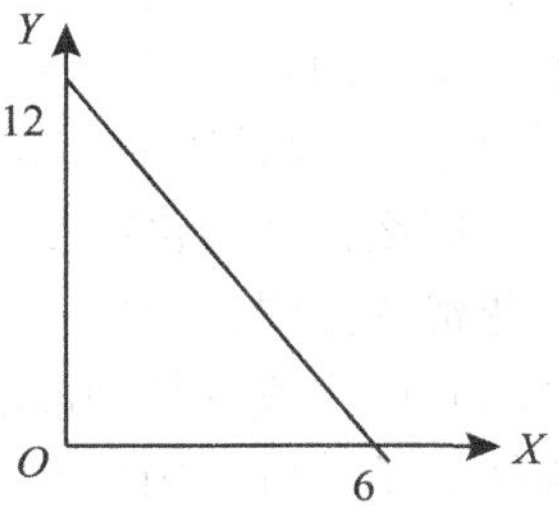

图 3-1

（2）所购买的 X 商品为 4，Y 商品为 6 时，不在消费可能线上，在其右边。因为

$$4\times20+6\times10=140。$$

（3）所购买的 X 商品为 3，Y 商品为 3 时，不在消费可能线上，在其左边。因为

$$3\times20+3\times10=90。$$

五、问答题

1. 答：基数效用论是边际效用学派所倡导的基本理论。基数效用论者认为，效用是可以计量并加总求和的，效用的大小可以用基数（1，2，3，…）来表示。根据基数效用论，就可以用具体的数字来说明和研究消费者效用最大化问题。这种理论所用的分析方法为边际效用分析法。

一些西方经济学家指出，基数效用论有种种缺点，所以，又提出了序数效用论。序数效用论是由洛桑学派的帕累托（V. Pareto）提出来的，序数效用论者认为，效用是一种心里感觉，不可以计量并加总求和，只能表示出满足程度的高低与顺序。因此，效用只能用序数（第一，第二，第三，…）来表示。序数效用论克服了基数效用论的不足，在西方经济学中得到了广泛的运用。这种理论所用的方法为无差异曲线分析。

2. 答：边际效用递减规律的基本意思为：在一特定的时间内随着消费者对某种物品消费量的增加，他从该物品连续增加的消费单位中所得到的边际效用是递减的。

边际效用递减规律可以用以下两个理由来解释：

（1）生理或心理的原因。消费一种物品的数量越多，即某种刺激的反复，使人生理上的满足或心理上的反应减少，从而满足程度减少。

（2）物品本身用途的多样性。每一种物品都有多种用途，这些用途的重要性不同。消费者总是先把物品用于最重要的用途，而后用于次要的用途。当他有若干这种物品时，把第一单位用于最重要的用途，其边际效用就大，把第二单位用于次重要的用途，其边际效用就小了。以此顺序用下去，用途越来越不重要，边际效用就递减了。

如果我是厂商，边际效用递减规律对我的启发是：在激烈的市场竞争中应该不断创新，使自己的产品具有特色，在同行业中没有替代，这样就会使自己立于不败之地。

3. 答：西方经济学家指出，消费者均衡的条件是：消费者用单位货币所购买的各种商品的边际效用都相等，即消费者所购买的各种商品的边际效用之比等于它们的价格之比。消费者均衡可以用边际效用决定需求价格和边际效用递减规律来进行说明。为了分析的方便，我们假定消费者在市场上只购买两种商品 X 和 Y，由于收入和价格都是既定的，增加 X 的购买量就必须减少 Y 的购买量，购买量的变化，必然引起它们的边际效用的变化。如果后者的边际效用小于前者，那么，就会再次发生花费转移的情形，这样，消费者根据边际效用的大小，自由地改变花费的方向，最后，必须达到一种最优的花费状态，他所花费的每一元钱都取得相等的边际效用，或者每种商品的边际效用之比等于他们的价格之比，总效用达到最大。消费者均衡的条件可以用公式表示为：

$$Q_x\cdot P_x+Q_y\cdot P_y=M \tag{1}$$

$$\frac{MU_X}{P_X}=\frac{MU_Y}{P_Y}=MU_m \tag{2}$$

上式中消费者的收入为 M，所购买和消费两种物品的数量为 Q_x、Q_y，其价格分别为 P_x、P_y，所带来的边际效用分别为 MU_x、MU_y，MU_m 表示每单位货币带来的边际效用。

式（1）表明的是消费预算限制条件。如果消费者的支出超过收入，消费购买是不现实的；如果支出小于收入，就无法实现在既定收入条件下的效用最大化。

式（2）表明消费者均衡的实现条件。每单位货币无论是购买 X 商品或 Y 商品，所得到的边际效用都相等。

4. 答：无差异曲线是用来表示两种商品或两组商品的不同数量的组合对消费者所提供的效用是相同的。无差异曲线符合这样一个要求：如果听任消费者对曲线上的点作选择，那么，所有的点对他都是同样可取的，因为任一点所代表的组合给他所带来的满足都是无差异的。

无差异曲线的特点：

第一，在同一平面上可以有无数条无差异曲线，不同的无差异曲线代表不同的满足程度。离原点越远的无差异曲线代表的满足程度越高，离原点越近的无差异由线代表的满足程度越低。

第二，在同一平面图上，任意两条无差异曲线决不能相交。

第三，无差异曲线是一条从左上方向右下方倾斜的曲线，其斜率为负值。

第四，一般情况下无差异曲线是凸向原点的，这是由边际替代率递减决定的。

5. 答：如何以有限的货币收入在可以买到的商品间作合理的配置以求得最大效用，是一个消费行为如何达到最佳境界的问题，也称为消费者均衡。在序数效用论中研究消费者均衡所用的工具是无差异曲线与预算线。消费者最大效用均衡之点恰是预算线同它可能达到的最高的无差异曲线相切的一点。在切点上所代表的两种商品的量就是消费者用一定的货币收入所获得的效用达到最大值的最优购买量的组合。如图 3-2 所示。

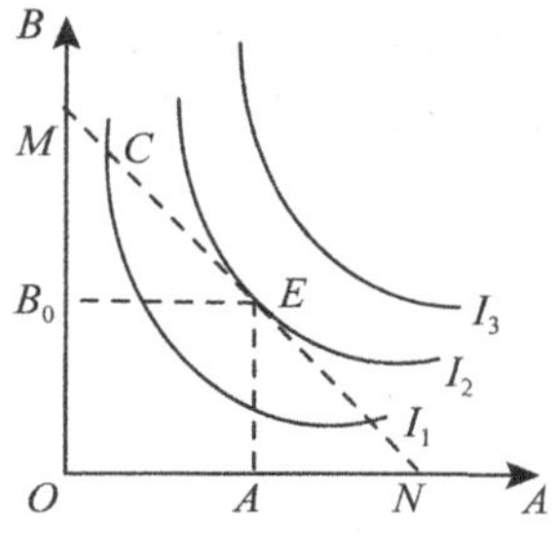

图 3-2

在图 3-2 中预算线 MN 与一条尽可能高的无差异曲线 I_2 的相切之点 E 就是消费者的均衡点，在这一点，消费者既用尽了既定的货币收入，又得到了最大的效用满足。因此，可以得出结论：消费者达到最大效用的均衡条件是，两种商品的边际替代率或边际效用之比等于两种商品的价格之比，即

$$\frac{\Delta Y}{\Delta X}=\frac{MU_X}{MU_Y}=\frac{P_X}{P_Y}$$

整理得

$$\frac{MU_X}{P_X}=\frac{MU_Y}{P_Y}$$

消费者均衡的条件是：单位货币所购买的两种商品的边际效用与价格之比相等，或者说消费者购买的两种商品的边际效用之比正好等于它们的价格之比。

六、案例分析

1. 答：(1) 边际效用递减规律的内容是：在一特定的时间内随着消费者对某种物品消费量的增加，他从该物品连续增加的消费单位中所得到的边际效用是递减的。

(2) 美国总统罗斯福连任三届后，曾有记者问他有何感想，总统一言不发，只是拿出一块三明治面包让记者吃，让记者自己得出结论。记者接连吃三块面包，每增加一块面包的边际效用是递减的，吃到第三块时肚子饱了，面包的边际效用为零或负。美国总统罗斯福连任三届后，感受就像记者吃第三块面包一样。

2. 答：(1) 消费者均衡是指在一定的价格水平下，消费者用一定的收入购买与消费各种物品，使自己的总效用达到最大时的状态。

(2) 对我们每个家庭来说，使每 1 分钱都用在刀刃上就实现了消费者均衡。因为消费者均衡就是消费者购买商品的边际效用与货币的边际效用相等。这就是说消费者的每 1 元钱的边际效用和用 1 元钱买到的商品边际效用相等。因为商品的连续消费边际效用递减，其实货币的边际效用也是递减的。在收入既定的情况下，消费者存货币越多，购买物品就越少，这时货币的边际效用下降，而物品的边际效用在增加，明智的消费者就应该把一部分货币用于购物，增加他的总效用；反过来，消费者卖出商品，增加货币的持有，也能提高他的总效用。其实一个理性的消费者面对自己有限的收入，做到合理支配，使效用达到收入一定，商品价格一定，偏好一定条件的最大化，消费行为已经遵循了消费者均衡的理论。

第4章　生 产 理 论

一、单项选择题

1. 设劳动是唯一可变要素，当总产量下降时，(　　)。
   A. 劳动的平均产量等于零　　B. 劳动的边际产量小于零
   C. 劳动的平均产量小于零　　D. 劳动的平均产量下降
2. 当劳动的平均产量大于零时，边际产量可以是(　　)。
   A. 下降的　　B. 0
   C. 负的　　D. 以上都对
3. 当边际产量小于零时，要素的投入阶段是(　　)。
   A. 阶段Ⅰ　　B. 阶段Ⅱ
   C. 阶段Ⅲ　　D. 以上都不对
4. 当生产过程处于生产第一阶段时，关于平均产量和边际产量的说法中，正确的是(　　)。
   A. 平均产量递增，边际产量递减
   B. 平均产量递减，边际产量递增
   C. 平均产量递增，边际产量先递增然后递减到与平均产量相等
   D. 平均产量始终大于边际产量
5. 理性的厂商将让生产过程在(　　)进行。
   A. 第一阶段　　B. 第二阶段
   C. 第三阶段　　D. 第一阶段或第三阶段
6. 当处于生产过程第三阶段时，边际产量为(　　)。
   A. 负值　　B. 正值
   C. 零　　D. 不能确定
7. 等产量线(　　)。
   A. 斜率为负　　B. 凸向原点
   C. 不相交　　D. 都对
8. 要素的合理投入条件是(　　)。
   A. 等成本线与等产量线相切　　B. $MRTS_{LK}=\frac{P_L}{P_K}$
   C. $\frac{MP_L}{P_L}=\frac{MP_K}{P_K}$　　D. 以上都对

9. 等成本曲线向右上方平移表明(　　)。

A. 产量提高了

B. 生产要素的价格按照相同的比例提高了

C. 成本减少了

D. 生产要素的价格按照相同的比例下降了

10. 规模报酬递减是在(　　)的情况下发生的。

A. 按比例投入生产要素

B. 不按比例投入生产要素

C. 连续投入某种生产要素而其余生产要素不变

D. 不投入某种生产要素而增加其余生产要素的投入

11. 平均产量达到最大时，下列说法中正确的是(　　)。

A. 平均产量大于边际产量

B. 平均产量等于边际产量

C. 平均产量小于边际产量

D. 边际产量等于零

12. 下列说法中，正确的是(　　)。

A. 只要边际产量减少，总产量就减少

B. 只要平均产量减少，总产量就减少

C. 只要总产量减少，边际产量就一定为负

D. 只要边际产量减少，平均产量就减少

13. 等产量曲线是指在这条曲线上的各点都表示(　　)。

A. 为生产同等产量投入要素的各种组合比例是不能变化的

B. 为生产同等产量投入的各种要素的价格是不能变化的

C. 不管投入的各种要素的量如何，产量总是相等的

D. 投入要素的各种组合所能生产的产量都是相等的

14. 如果连续地增加某种生产要素，在总产量达到最大值时，边际产量曲线与(　　)相交。

A. 平均产量曲线

B. 总产量曲线

C. 纵轴

D. 横轴

15. 在总产量、平均产量和边际产量的变化过程中，下列情况中首先发生的是(　　)。

A. 边际产量下降

B. 平均产量下降

C. 总产量下降

D. 以上都有可能

二、多项选择题

1. 生产要素是指生产过程中能够帮助生产的各种手段，包括(　　)。

A. 资本

B. 劳动

C. 土地

D. 企业家才能

2. 一般来说，等产量线的性质有(　　)。

A. 负斜率

B. 不相交

C. 凸向原点

D. 相互平行

E. 离原点越远代表越大的产量

3. 当生产函数 $Q=f(L, \overline{K})$ 的 AP_L 为正且递减时，MP_L 可以是(　　)。

A. 递减且为正　　B. 递减且为负

C. 为零　　D. 递增且为正

4. 关于生产函数 $Q=f(L, \overline{K})$ 的生产的第二阶段，应该(　　)。

A. 开始于 AP_L 开始递减处（即 AP_L 的最高点），终止于 MP_L 为零处

B. 开始于 AP_L 曲线和 MP_L 曲线的相交处，终止于 MP_L 曲线和水平轴的相交处

C. 开始于 AP_L 曲线开始递增处，终止于 MP_L 曲线递减处

D. 开始于 AP_L 曲线开始递减处（即 AP_L 曲线的最高点），终止于开始递增处

5. 对生产函数的研究，最终要解决的问题是(　　)。

A. 购买生产所需要的各种生产要素需要支出多少

B. 在生产要素价格既定的情况下，各种生产要素各使用多少才能达到预期的产量

C. 各种生产要素在产出中如何分配才是合理的

D. 各种最终产品各生产多少才能实现利润最大化

6. 要确定厂商的生产是否是最优的生产要素的组合，需要知道(　　)。

A. 该厂商的生产函数　　B. 一条等成本函数曲线

C. 生产要素的价格　　D. 总产量

7. 如果某厂商的等成本曲线与等产量曲线没有交点，该厂商要实现等产量曲线所表示的产量，就应该(　　)。

A. 增加投入并增加各种生产要素使用量

B. 在总成本不变的情况下，压低各种生产要素价格

C. 在总成本不变的情况下，减少某些生产要素的使用量，同时增加另一些生产要素的使用量

D. 以上方式都可以

8. 当边际产量曲线处于下降状态时，平均产量曲线和总产量曲线可以是(　　)。

A. 增加状态　　B. 减少状态

C. 零　　D. 负值

9. 边际产量递减规律发挥作用的基本前提是(　　)。

A. 技术进步

B. 技术水平保持不变

C. 只有在可变投入达到一定数量之后

D. 只有部分投入是可变的，而且单位可变投入的效率必须相同

10. 生产要素的最优组合条件是(　　)。

A. 在等产量曲线和等成本曲线相切的切点

B. 两种要素的边际技术替代率与两种要素的边际产量之比不相等

C. 两种要素的边际产量之比等于两种要素的价格之比

D. 花费在最后的 L 要素上的每单位货币所得到的产量和花费在最后的 K 要素上的每单位货币所得到的产量相等

三、判断题

1. 当其他生产要素不变时，一种生产要素投入越多，则产量越高。(　　)
2. 在农业中并不是越密植越好，施肥越多越好。(　　)
3. 只要总生产量减少，边际产量一定是负数。(　　)
4. 只要边际产量减少，总产量也一定减少。(　　)
5. 平均产量曲线可以和边际产量曲线在任何一点上相交。(　　)
6. 规模收益和边际收益递减规律所研究的是同一个问题，其结论也相同。(　　)
7. 生产规模大可以实行专业化生产并提高管理效率，这样所引起的产量或收益的增加属于外在经济。(　　)
8. 一个行业扩大使一个企业可以减少用于交通设施的支出，这样所引起的产量或收益的增加属于外在经济。(　　)
9. 一个企业生产规模过大会引起其中各个厂商竞争加剧，这样所引起的产量或收益的减少属于内在不经济。(　　)
10. 在一条等产量线的上部，其代表的产量大于该等产量线的下部所代表的产量。(　　)
11. 在同一平面图上，任意两条等产量线都可以相交。(　　)
12. 利用等产量线上任意一点所表示的生产要素组合，都可以生产出同一数量的产品。(　　)
13. 在同一平面图上，可以有无数条不同的等产量线。(　　)
14. 当生产要素的价格不变时，随着生产者的货币成本的增加，等成本线会向左下方平行移动。(　　)
15. 两种生产要素的最适组合之点就是等产量线与等成本线的交点。(　　)

四、计算题

1. 表 4-1 是一张可变生产要素短期生产函数的产量表：

表 4-1

资本量（K）	劳动量（L）	总产量（TP_L）	平均产量（AP_L）	边际产量（MP_L）
10	0			
10	1		2	10
10	2			
10	3	24		
10	4		12	
10	5	60		
10	6			6

续表

资本量（K）	劳动量（L）	总产量（TP_L）	平均产量（AP_L）	边际产量（MP_L）
10	7	70		
10	8			0
10	9	63		

（1）试在表 4-1 中填空。

（2）该生产函数是否出现边际收益递减？如果是，是从第几单位的可变要素投入开始的？

2. 设某企业有资金 100 万元，资本价格为每单位 10 万元，劳动力价格为每单位 1 万元。

（1）试绘制出该企业的等成本线；若企业资金增加到 200 万元，其他条件不变，绘制出新的等成本线；

（2）资本价格下降到每单位 5 万元，其他条件不变，试绘制出新的等成本线；

（3）劳动力价格上升到每单位 2 万元，其他条件不变，试绘制出新的等成本线。

五、问答题

1. 什么是边际收益递减规律？边际收益递减规律成立的依据是什么？
2. 什么是等产量线？等产量线与无差异曲线在性质上有何区别？
3. 试用图形说明总产量、平均产量和边际产量三者之间的关系。
4. 试用公式表示生产要素最适组合的条件 .
5. 什么是适度规模？确定适度规模时应考虑哪些因素？

六、案例分析

1. 我国是世界上人与地关系最紧张的国家之一。务农人数多，农业的产出很低，是我国以前穷的根本原因。改革开放之后，一方面随着人口的增加，土地边际收益递减规律仍然发生作用，另一方面经济建设的发展使耕地面积减少，因而有限土地上的就业压力进一步增加。20 世纪 80 年代，农业剩余劳动力的转移主要以发展乡镇企业为载体，采取了“离土不离乡，进厂不进城”的内部就地转移方式。据相关资料统计，1978—1992 年期间，乡镇企业共吸收 7 500 多万农村劳动力。然而，进入 20 世纪 90 年代以后，乡镇企业吸纳剩余劳动力的能力明显下降。

在农村内部就业潜力有限的情况下，农业剩余劳动力必然会离开土地。20 世纪 90 年代以来“农民工”向城市的大流动，有人估计农业剩余劳动力的转移要到 2050 年才能最终完成。到 2015 年，城镇人口比重达到 56. 10%。目前 43. 90%的人还在农村住着。西方发达国家的城市化率一般在 70%～80%，因此，未来的数十年中国还有几亿人口要进城。而城市化具有巨大的经济效益，又不要求很大空间和传统要素投入。因此，加快城市化进程是必然选择。

试根据材料回答：

（1）什么是边际收益递减规律？

（2）用边际收益递减规律解释中国城市化进程加快的必然性。

2. 早在 1771 年英国农学家杨格就用在若干相同的地块上施以不同量肥料的实验，证明了肥料施用量与产量增加之间存在着这种边际产量递减的关系。这不是偶然的现象而是经验性规律。假如农民在一亩土地上撒一把化肥能增加产量 1 公斤，撒两把化肥增产 3 公斤，但一把一把化肥的增产效果会越来越差，过量的施肥量甚至导致土壤板结粮食减产。边际产量递减规律是从社会生产实践和科学实验中总结出来的，在现实生活的绝大多数生产过程中都是适用的。

试根据材料回答：

（1）什么是边际收益递减规律？

（2）试用边际收益递减规律解释土地上施肥量越多会出现边际产量递减的现象。

第 4 章习题参考答案

一、单项选择题

1. B　2. D　3. C　4. C　5. B　6. A　7. D　8. D
9. D　10. A　11. B　12C　13. D　14. D　15. A

二、多项选择题

1. ABCD　2. ABCE　3. ABC　4. AB　5. ABCD
6. ABD　7. AB　8. AB　9. BCD　10. ACD

三、判断题

1. ×　2. √　3. √　4. ×　5. ×　6. ×　7. ×　8. √　9. √
10. ×　11. ×　12. √　13. √　14. ×　15. ×

四、计算题

1. 答：（1）按表 4-1 中的数据计算所得结果如表 4-2 所示。

资本量（K）	劳动量（L）	总产量（TP_L）	平均产量（AP_L）	边际产量（MP_L）
10	0			
10	1	2	2	2
10	2	12	6	19
10	3	24	8	12

续表

资本量（K）	劳动量（L）	总产量（TP_L）	平均产量（AP_L）	边际产量（MP_L）
10	4	48	12	24
10	5	60	12	12
10	6	66	11	6
10	7	70	10	4
10	8	70	8.75	0
10	9	63	7	−7

（2）是，从表 4-2 可知出现了边际收益递减现象，具体地说，是当可变要素投入从第四单位增加到第五单位时，边际产量开始下降。

2. 答

已知：$C=100$，$r=10$，$w=1$。如图 4-1 所示。

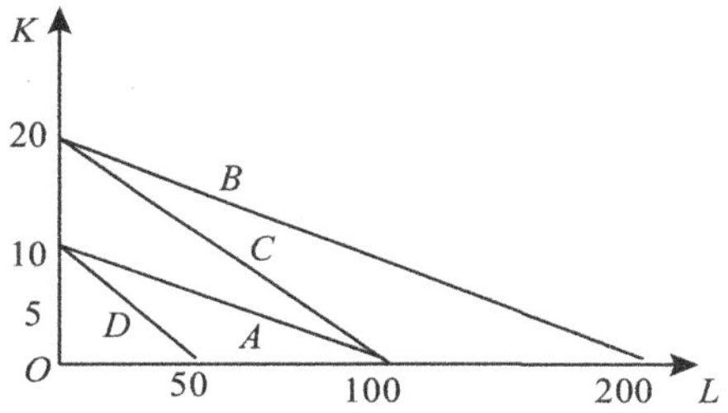

图 4-1

五、问答题

1. 答：边际收益递减规律，又称为边际报酬递减规律，是指在技术水平和其他生产要素的投入固定不变的条件下，连续地投入某一种生产要素到一定数量之后，总产量的增量即边际产量将会出现递减现象。

边际收益递减规律成立的依据是：在任何产品的生产过程中，可变要素和固定要素之间都存在着数量上的最佳配合比例。当固定要素投入不变，可变要素的连续投入量达到一定量之前，固定要素的数量相对于可变要素，显得过多，这一方面会限制固定要素效率的充分发挥（部分厂房、机械设备闲置），另一方面相对不足的劳动力无法在生产中实行有效的分工协作，这时可变要素的效率不能得到充分发挥。所以，初始阶段，随着可变投入量的不断增加，过多的固定要素与逐渐增多的可变要素相配合，各要素的使用效率不断提高，可变要素的边际产量不断增加。但是，当可变要素的投入到足以使既定的固定要素得到最充分的利用后，再持续增加可变要素的投入量，必然会出现固定要素相对不足，可变要素相对过多，越来越多的可变要素与越来越少的固定要素相配合，必然使要素的使用效率下降，可变要素的边际产量将不断减少。

2. 答：等产量曲线是表示在其他条件不变的情况下，为保持一定的产量所投入的两种生产要素之间的各种可能的组合。与无差异曲线相比较，相同之处在于：

（1）在有效的区域内，等产量的斜率先为负；

（2）由于边际收益递减规律的作用，等产量线凸向原点；

（3）两条不同产量水平的等产量线不可能相交。

区别之处在于：

（1）反映的实质性内涵不同，无差异曲线反映的是消费者的同等效用，而等产量线反映的是生产者的同等产量；

（2）等产量线不能像无差异曲线那样两端无限延长并与两坐标轴无限接近，等产量线达到一定限度则会出现背离坐标轴的情况，并以此表示任何两种生产要素之间的替代都是有一定的限制的。

3. 答：总产量、平均产量和边际产量三者之间的关系可以通过图形来说明，如图 4-2 所示。

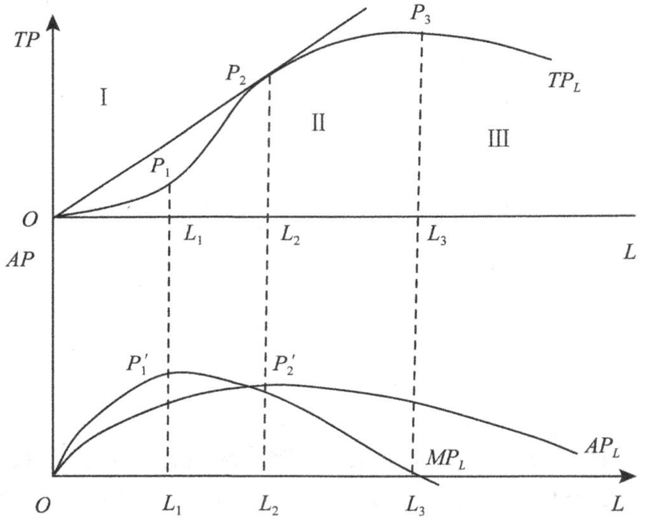

图 4-2

图 4-2 中，横轴代表劳动量，纵轴代表总产量、平均产量和边际产量，TP_L 为总产量曲线，AP_L 为平均产量曲线，MP_L 为边际产量曲线。

第一，关于总产量曲线与边际产量曲线之间的关系。当 MP_L 为正值时，TP_L 曲线是上升的；当 MP_L 为零时，TP_L 曲线在 P_3 点达到最大值。当 MP_L 为负值时，TP_L 曲线是下降的。

第二，关于平均产量与边际产量曲线之间的关系。MP_L 曲线与 AP_L 曲线一定要在 AP_L 曲线的最高点相交。在相交之前，AP_L 曲线是递增的，这时 MP_L 大于平均产量；在相交后，AP_L 曲线是递减的，这时 MP_L 小于平均产量。

第三，关于平均产量曲线与总产量曲线之间的关系。由于 $AP_L=\frac{TP_L}{L}$，所以 AP_L 曲线是 TP_L 曲线上的点与原点连线的斜率值的轨迹。由此可以说明：当 AP_L 曲线在 P_2 点达到最高点时，在 TP_L 曲线上必然存在相应的一点，该点与原点的连线在 TP_L 曲线上所有的点与原点连线中最陡。

4. 答：生产要素最优组合是指既定成本条件下产量最大化或既定产量条件下的成本最小化的生产要素投入的数量组合。在多种生产要素（比如两种）的投入都可以变动的情况下，厂商的生产技术可以由等产量曲线来表示。而厂商的成本与生产要素投入之间的关系可以由等成本方程来表示。于是，生产要素的最优组合表现为等产量曲线与等成本曲线的切点。在成本既定的条件下，要实现产量最大化，生产要素投入量需要满足的条件为：

$$MRTS_{LK}=\frac{P_L}{P_K}=\frac{MP_L}{MP_K}$$

$$w\cdot L+r\cdot K=C$$

或

$$\frac{MP_L}{P_L}=\frac{MP_K}{P_K}$$

$$w\cdot L+r\cdot K=C$$

这些条件说明，无论既定成本下的产量最大化还是既定产量下的成本最小化，寻求生产要素最优组合的厂商，都将使生产要素的数量组合选择在每单位成本购买的要素所能生产的边际产量相等的组合上。同时，生产要素最优组合也是厂商利润最大化的选择。

5. 答：适度规模就是两种生产要素的增加，即生产规模的扩大正好使收益递增达到最大。

对于不同行业的企业说，适度规模的大小是不同的，并没有一个统一的标准。在确定适度规模时应该考虑到的因素主要是：

第一，本行业的技术特点。一般来说，需要的投资越大，所用的设备复杂先进的行业，适度规模也就越大，例如冶金、机械、汽车制造、造船、化工等重工业企业，生产规模越大经济效益越高。相反，需要投资少，所用的设备比较简单的行业，适度规模也小。例如服装、服务这类行业，生产规模小能够更灵活地适应市场需求的变动，对生产更有利，所以适度规模也就小。

第二，市场条件。一般来说，生产市场需求最大，而且标准化程度高的产品的企业，适度规模也应该大，这也是重工业行业适度规模大的原因。相反，生产市场需求小，而且标准化程度低的产品的企业，适度规模也应该小。所以，服装行业的企业适度规模就要小一些。

当然，在确定适度规模时要考虑的因素还很多。例如，在确定某一采矿企业的规模时，还要考虑矿藏量的大小。其他诸如交通条件、能源供给、原料供给、政府政策，等等，都是在确定适度规模时必须考虑到的。

六、案例分析

1. 答：（1）边际收益递减规律是指在技术水平不变的条件下，增加一种生产要素的投入，当该生产要素的投入数量增加到一定程度以后，单位生产要素投入增加所带来的产量增加最终会出现递减的一条规律。技术水平和其他生产要素的投入数量保持不变是边际收益递减规律成立的前提条件。在既定的土地上不断增加劳动投入所引起的边际收益递减的例子，经常作为边际收益递减规律的例证。

（2）我国曾有大部分人口居住在农村，这意味着我国整体经济发展水平、国民收入和人民生活水平的提高在很大程度上依赖农村的发展；我国农村改革的目的是为了发展生产力，让亿万农民富裕起来，但只要农业人口守着极其有限的耕地，根据边际收益递减规律，农民就不可能富裕起来。农村剩余劳动力的合理转移有利于增加农村居民的收入，改善农村居民的生活质量，提高农村劳动力素质，促进农村的现代化建设。农村劳动力的合理转移在近十几年农村的持续发展中起到了至关重要的作用。

（3）农村剩余劳动力的合理转移与我国农业的可持续发展存在着密切的关系。农村剩余劳动力的合理转移是农业可持续发展的内在要求，农村剩余劳动力的合理转移与农村城镇化建设有利于调整农业产业结构，加快城乡劳动力市场一体化建设，提高农村劳动力素质，有利于农业乃至整个国民经济的可持续发展。

2. 答：用两种（或两种以上）生产要素相结合生产一种产品时，如果其中一种要素是可以变动的，那么，在其他条件不变的情况下，随着这一可变要素连续地等量增加，其边际产量开始会出现递增的现象，但在达到一定数量后，会呈现递减现象。这就是经济学中著名的边际收益递减规律。

边际收益递减规律提示我们，在一定的条件下，高投入未必带来高产出，因此在不变要素一定的条件下，要注意可变要素投入的合理限度，寻找最佳的投入数量。对一块地中种的庄稼施肥在一定范围之内，它能对庄稼的生长有利，但施肥超过一定的度就对庄稼生长不利。在现实生活中边际产量递减的例子很多，目前我国的就业压力很大，其实也是这个规律作用的结果。

第5章　成本理论

一、单项选择题

1. 经济学中短期成本与长期成本的划分是取决于(　　)。

A. 时间的长短　　B. 是否可以调整产量

C. 是否可以调整产品价格　　D. 是否可以调整生产规模

2. 在下列成本中，是长期成本的是(　　)。

A. 固定成本　　B. 平均成本

C. 可变成本　　D. 机会成本

3. 会计利润等于总收益减(　　)。

A. 隐性成本　　B. 显性成本

C. 隐性成本与显性成本之和　　D. 边际成本

4. 经济利润等于总收益减(　　)。

A. 隐性成本　　B. 显性成本

C. 隐性成本与显性成本之和　　D. 边际成本

5. 假定某机器设备原来生产产品 X，利润收入为200元，现在改变生产产品 Y，所花费的人工、材料费为1 000元，则生产产品 Y 的机会成本是(　　)。

A. 1 200元　　B. 200元

C. 1 000元　　D. 800元

6. 当 SAC 曲线达到最低点时，一定有(　　)。

A. $AVC=AFC$　　B. $SMC=SAC$

C. $P=AVC$　　D. $P=SMC$

7. 如果生产10单位产品的总成本是100元，第11单位产品的边际成本是21元，那么(　　)。

A. 第11单位产品的总变动成本是21元

B. 第10单位产品的边际成本是21元

C. 11个产品的平均成本是11元

D. 第12单位产品的平均成本是12元

8. 下列说法正确的是(　　)。

A. 生产的可能性边界之所以凹向原点，是因为机会成本递增

B. 若一人选择上学而不是工作，那么他的机会成本等于他在学习期间的学费

C. 经济分析中的生产成本与机会成本这两个词是同义词

D. 如果在短期连续增加某种产品的产量，它的边际成本将先下降再递增

9. 长期总成本曲线是各种产量的(　　)的轨迹。

A. 最低成本点　　B. 最低平均成本点

C. 最低边际成本点　　D. 平均成本变动点

10. 随着产量的增加，平均固定成本(　　)。

A. 在开始时下降，然后趋于上升

B. 一直趋于上升

C. 在开始时上升，然后趋于下降

D. 一直趋于下降

11. 假定两个人一天可以生产 60 单位的产品，四个人一天可以生产 100 单位产品，那么(　　)。

A. 平均可变成本是下降的　　B. 平均可变成本是上升的

C. 边际产量大于平均产量　　D. 边际产量是 40 单位

12. 如果总产量从 100 增加到 102 单位，总成本从 300 增加到 330 单位，那么，边际成本是(　　)元。

A. 30　　B. 330

C. 300　　D. 15

13. 已知产量是 10 单位时的总成本是 500 元，当产量是 11 单位时的平均成本是 51 元，那么生产 11 单位产品时的边际成本是(　　)元。

A. 51　　B. 50

C. 52　　D. 61

14. 边际成本和边际产量两者的变动方向是相反的，这是因为(　　)。

A. 边际技术替代率递减规律的作用

B. 边际产量递减规律的作用

C. 规模经济的作用

D. 范围经济的作用

15. 下列说法正确的是(　　)。

A. 在产量的某一变化的范围内，只要边际成本曲线位于平均成本曲线的上方，平均成本曲线一定向下倾斜

B. 边际成本曲线在达到一定产量水平后趋于上升，是由边际报酬递减规律所造成的

C. 长期平均成本曲线在达到一定产量水平后趋于上升，是边际报酬递减规律所造成的

D. 在边际成本曲线上，平均成本曲线交点以上的部分构成商品的供给曲线

二、多项选择题

1. 下列关于机会成本的说法，正确的是(　　)。

A. 机会成本的概念是以资源的稀缺性为前提提出的

B. 机会成本既包括显性成本，又包括隐性成本
C. 在完全竞争性市场中，要素在各种用途上的机会成本将趋于相等
D. 一般地，生产一个单位产品的机会成本与生产一个单位产品的边际成本是相等的

2. 从经济学角度看，下列关于经济利润的说法，正确的是(　　)。
A. 经济利润是企业所追求的最大利润，也称为超额利润
B. 正常利润是厂商对自己所提供的企业家才能的报酬支付，包含在经济利润中
C. 当厂商的经济利润为零时，厂商仍然获得了全部的正常利润
D. 经济利润不包括正常利润

3. *SAC* 曲线的形状和位置取决于(　　)。
A. 生产要素的收益水平
B. 生产要素的边际收益水平
C. 不同性质的生产要素在短期生产中所起的作用
D. 不同性质的生产要素在短期生产中所起的边际作用

4. *STC* 曲线、*SAC* 曲线、*SMC* 曲线之间的关系可以表述为(　　)。
A. 当 *SAC* 小于 *SMC* 时，*SAC* 曲线处于上升趋势，从而影响 *STC* 曲线呈递减的上升趋势
B. 当 *SAC* 小于 *SMC* 时，*SAC* 曲线处于上升趋势，从而影响 *STC* 曲线呈递增的上升趋势
C. 当 *SAC* 等于 *SMC* 时，*SAC* 曲线处于最低水平，从而使 *STC* 曲线不发生变化
D. 当 *SAC* 等于 *SMC* 时，*SAC* 曲线处于最低水平，从而使 *STC* 曲线发生实质性的变化

5. 在短期生产函数和短期成本函数中，当 *AP* 取得最大值时，一定有(　　)。
A. $MP=AP$　　B. $MC=AC$
C. $MC=AVC$　　D. *AVC* 最小

6. 下列关于短期生产函数与短期成本函数之间的关系描述，正确的是(　　)。
A. 当短期生产函数处于递增阶段时，短期成本函数处于递减阶段
B. 当 *AP* 处于上升阶段时，*AVC* 和 *MC* 处于下降阶段
C. 当 *AP* 达到最大时，有 $AP=MP$，且 *AVC* 达到最小，有 $AVC=MC$
D. 当 *MP* 达到最大时，*SAC* 取得最小值

7. 在短期成本曲线之间的关系中，下列说法正确的是(　　)。
A. *STC* 曲线的拐点对应于 *SMC* 曲线的最低点
B. *STC* 曲线的拐点对应于 *SMC* 曲线的最低点
C. 从原点向 *STC* 曲线做射线的切点对应于 *SVC* 曲线的最低点
D. 从原点向 *STC* 曲线做射线的切点对应于 *SAC* 曲线的最低点

8. 在 *AVC* 曲线、*SAC* 曲线和 *SMC* 曲线关系中，表述正确的有(　　)。
A. 在三条曲线中，最先达到最低点的是 *SMC* 曲线
B. 若 *SMC* 大于 *AVC*，则必定有 *SMC* 大于 *SAC*
C. 若 *SMC* 大于 *SAC*，则必定有 *SMC* 大于 *AVC*

D. 若 SAC 达到最小值，则必定有 $SAC=SMC$，且 SMC 大于 AVC

9. 对于短期边际成本曲线，下列说法正确的有(　　)。
   A. SMC 曲线依次经过 SAC 曲线和 AVC 曲线的最低点
   B. SMC 曲线的最低点既是 TVC 曲线的拐点，也是 STC 曲线的拐点
   C. SMC 曲线的最低点既对应于 MP 曲线的最高点，也对应于 AP 曲线的最高点
   D. SMC 曲线的变动决定了 AVC 曲线和 SAC 曲线的变动

10. 长期总成本曲线可以通过(　　)来推导。
   A. 短期平均成本　　　　B. 短期边际成本
   C. 短期总成本　　　　　D. 生产扩展线

11. 对于 LAC 曲线，描述正确的是(　　)。
   A. LAC 曲线是无数条 SAC 曲线的包络线
   B. LAC 曲线与 SAC 曲线的切点均为 SAC 曲线的最低点
   C. LAC 曲线上任意一点均表示最优生产规模的最低平均成本
   D. LAC 曲线的最低点与 LMC 曲线相交

三、判断题

1. 机会成本是作出一项决策时所付出的费用和损失。(　　)
2. 企业用自有资金进行生产是没有成本的。(　　)
3. 会计成本和经济成本在量上是相等的。(　　)
4. 一般来说，会计利润大于经济利润。(　　)
5. 在短期，企业增加一单位产量时所增加的可变成本等于边际成本。(　　)
6. 短期边际成本曲线和短期平均成本曲线相交于短期平均成本曲线的最低点。(　　)
7. 停止营业点就是短期边际成本曲线与平均可变成本曲线的交点。(　　)
8. 短期边际成本曲线与平均成本曲线的交点就是收支相抵点。(　　)
9. 短期总成本曲线与长期总成本曲线都是从原点出发向右上方倾斜的一条曲线。(　　)
10. 利润最大化原则就是实现无限的利润。(　　)
11. 某一方案的机会成本是指决策者为采取该方案而放弃的所有其他方案的利益。(　　)
12. 厂商增加一单位产量时所增加的总可变成本等于边际成本。(　　)
13. 在产量的某一变化范围内，只要边际成本曲线位于平均成本曲线的上方，平均成本曲线一定向下倾斜。(　　)
14. 边际成本曲线在达到一定产量水平后趋于上升，是由边际收益递减规律所造成的。(　　)

四、计算题

1. 试将表 5-1 中的空白部分填上。

表 5-1　　　　　　　　　　**短期成本函数表**

Q	TFC	TVC	TC	AFC	AVC	AC	MC
0	120						
1			180				
2		80					
3							10
4			225				
5					28		
6							70

2. 某企业每周生产 100 单位产量，成本是机器 200 元，原材料 500 元，抵押租金 400 元，保险费 50 元，工资 750 元，废料处理 100 元。试求企业总固定成本与平均可变成本。

3. 某企业总固定成本为 1 000 美元，平均总成本为 50 美元，平均可变成本是 10 美元，试求企业现在的产量。

五、问答题

1. 假定老王在他家宅前有一块空地，附近一所学校的校长愿意每年出 250 元的租金租下以供学生进行体育锻炼。对老王来说，他也可以用这块地种植蔬菜。如果种子、肥料和其他费用总和是 200 元，而老王预计卖掉全部蔬菜的年收入是 500 元。试问老王种蔬菜的显性成本和隐性成本分别是多少？他将选择种蔬菜还是出租土地？

2. 试用图形说明短期总成本、可变成本和边际成本的变动规律及其相互关系。

3. 试用图形说明短期平均成本、平均可变成本和边际成本的变动规律及其相互关系。

4. 试简要说明利润最大化的原则。

5. 为什么会产生规模经济？导致规模不经济的原因主要是什么？

六、案例分析

1. 工信部发布《重点行业兼并重组指导意见》，钢铁行业就是其中的分行业之一，该意见重点支持优势大型钢企跨地区、跨所有制兼并重组，也支持区域优势钢企兼并重组，大幅减少钢企数量。经济理论和发达国家的实践都表明，钢铁产业是一个规模经济性明显的产业，而在我国，情况却并非如此。我国钢产量 1996 年突破亿吨大关，至 1998 年连续多年产量居世界第一位，但是 2011 年国内前十大钢企产量占国内总产量的 49%，而按照“十二五”规划，到 2015 年这一数据要提升至 60%以上；而美国早在 1976 年，四大钢铁公司（美国钢铁、伯利恒、国民与共和）的年产量就达到了 6 130 万吨，占美国钢铁产量的 52. 8%，其中美国钢铁公司年产 2 570 万吨，占全国产量的 22. 2%。国际钢铁协会认为，年产钢规模在 500 万吨以下的钢铁企业被视为小企业。这是因为钢铁产业是资金密集型产业，设备大型化、连续化的要求很高，具有显著的规模经济特点。我国由于产业集中度低，无法形成寡头市场的格局，没有主导厂商，因而出现过度的、恶性的价格竞争，使钢铁产品价格急剧下滑，严重影响了全行业的经济效益。

试根据材料回答：

（1）我国钢铁行业和国外同行业的企业相比的致命弱点是什么？

（2）用相关经济学原理说明中国钢铁行业应该如何发展才能具有竞争力？

2. 某企业老板用自己的银行存款 40 万元收购了一个小企业，如果向银行贷款利率为 10%，则一年要花 4 万元利息；他自己管理企业，如果出去打工，一年能挣 6 万元；然后贷款 60 万元购买原材料、燃料辅助材料、劳动力进行生产，生产的商品卖出去后总收益 130 万元。老板自己觉得赚了 24 万元，而经济学家则不这么认为。

试根据材料回答：

（1）在此案例中企业老板的显性成本（会计成本）、隐含成本、经济成本各是多少？

（2）在此案例中老板自己觉得赚了 24 万元，而经济学家为什么不这么认为？

第 5 章习题参考答案

一、单项选择题

1. D　2. B　3. B　4. C　5. B　6. B　7. C　8. D
9. A　10. D　11. B　12. D　13. D　14. B　15. B

二、多项选择题

1. ABC　2. ACD　3. BD　4. BD　5. ACD　6. AC
7. ABD　8. ACD　9. BD　10. CD　11. ACD

三、判断题

1. ×　2. ×　3. ×　4. ✓　5. ✓　6. ✓　7. ✓　8. ✓　9. ×
10. ×　11. ×　12. ✓　13. ×　14. ✓

四、计算题

1. 解：根据表 5-1 所填表格如表 5-2 所示。

表 5-2　**短期成本函数表**

Q	TFC	TVC	TC	AFC	AVC	AC	MC
0	120	0	120				
1	120	60	180	120	60	180	60
2	120	80	200	60	40	100	20
3	120	90	210	40	30	70	10

续表

Q	TFC	TVC	TC	AFC	AVC	AC	MC
4	120	105	225	30	26. 25	56. 25	15
5	120	140	260	24	28	52	35
6	120	210	330	20	35	55	70

注：$TC=TFC+TVC$，$AFC=\dfrac{FC}{Q}$，$AVC=\dfrac{VC}{Q}$，$AC=\dfrac{TC}{Q}$，$MC=\dfrac{\Delta TC}{\Delta Q}=\dfrac{\Delta TVC}{\Delta Q}$。

2. 解：$TFC=200+400+50=650$

$$AVC=\frac{500+750+100}{100}=13.5$$。

3. 解：依题意得：$TFC=1\ 000$，$AC=50$，$AVC=10$。

$AFC=AC-AVC=50-10=40$

$AFC\times Q=TFC$

$40Q=1\ 000$，$Q=25$。

五、问答题

1. 答：老王种蔬菜的显性成本就是他为种植蔬菜而支付的货币，即种子、肥料和雇佣者的工资之和为 200 元。隐性成本就是为将资源用于某种用途而放弃的在其他可能的最好用途中所得到的收入，即租金 250 元。

老王在他家门前的那块空地上种植蔬菜的总成本等于显性成本和隐性成本之和即 200+250=450 元，而卖蔬菜的收入为 500 元，所以种蔬菜对他来说是有利可图的。土地出租是不合算的，因为虽然老王出租土地的显性成本等于零，但出租土地的隐性成本就是他种蔬菜的净收入 500−200=300 元，显然，出租土地的隐性成本要大于他出租的收入，故老王不会选择出租。

2. 答：各类短期成本之间的关系可以通过以下图形反映出来。如图 5-1 所示。

短期成本曲线之间主要有以下关系：

（1）SMC 曲线与 STC 曲线、VC 曲线之间的关系。

如图 5-1 所示，由于每一产量上的短期边际成本值是短期总成本曲线的斜率，所以，当 STC 曲线的斜率由递减变为递增时，SMC 曲线由递减变为递增，在 STC 曲线的拐点 D，SMC 在产量 Q_1 上达到最小值。因为 STC 曲线可以由 VC 曲线向上垂直平移而得到，所以在每一个产量上，这两条曲线具有相同的斜率，当 SMC 曲线在 Q_1 达到最小值时，VC 曲线如同 STC 曲线一样，也相应地存在一个拐点 D。在点 D 之前，VC 曲线斜率递减；在点 D 之后，VC 曲线斜率递增。

（2）STC 曲线与 SAC 曲线、VC 曲线与 AVC 曲线之间的关系。

因为 $SAC=\dfrac{STC}{Q}$，所以从几何上来说，SAC 曲线就是 STC 曲线上各点与坐标原点连线

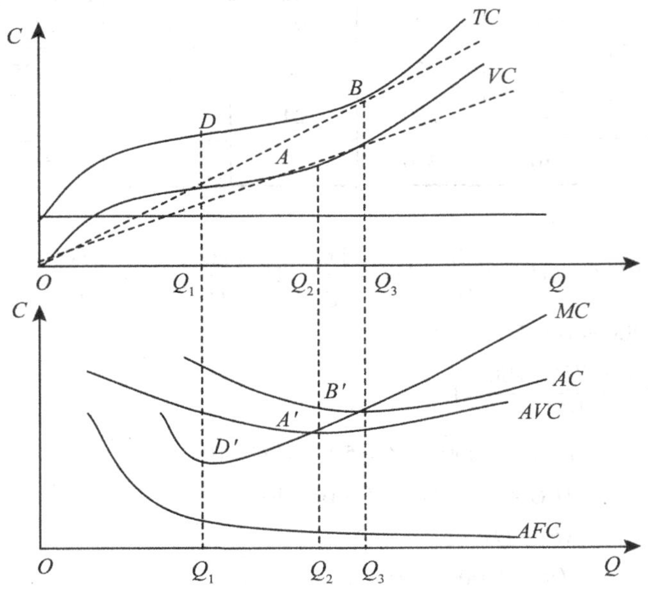

图 5-1

的斜率值的轨迹，从图 5-1 中可以看出，当产量为 Q_3 时，*STC* 曲线上点 *B* 与原点 *O* 的连线之斜率值最小，所以对应于 Q_3 的产量的 *SAC* 值最小。

同理，因为 $AVC=\frac{TVC}{Q}$，所以从几何上来说，*AVC* 曲线就是 *VC* 曲线上各点与坐标原点连线的斜率值的轨迹，从图 5-1 中可以看出，当产量为 Q_2 时，*VC* 曲线上点 *A* 与原点 *O* 连线之斜率值最小，所以对应于 Q_2 的产量的 *AVC* 值最小。

3. 答：*SMC* 曲线与 *SAC* 曲线、*AVC* 曲线之间的关系可以借助图 5-1 分析可知：*SMC* 曲线与 *SAC* 曲线一定相交于 *SAC* 曲线的最低点 *B′*。在相交之间，平均成本一直在减少，边际成本小于平均成本；在相交之后，平均成本一直在增加，边际成本大于平均成本。在交点 *B′*处，平均成本达到最低，边际成本等于平均成本。西方经济学家把 *SAC* 曲线与 *SMC* 曲线的交点 *B′*称为厂商的收支相抵点，只要商品的价格能够达到这一点，厂商的收支正好相抵，既不存在经济利润，也不会发生亏损。

SMC 曲线与 *AVC* 曲线一定相交于 *AVC* 曲线的最低点 *A′*。在相交之前，平均可变成本一直在减少，边际成本小于平均可变成本；在相交之后，平均可变成本一直在增加，边际成本大于平均可变成本。在交点 *A′*处，平均可变成本达到最低，边际成本等于平均可变成本。西方经济学家称 *AVC* 曲线与 *SMC* 曲线的交点 *A′*为停止营业点，即产品售价低于此点时，厂商如果进行生产，连可变成本也无法补偿，因此决不会再生产。

4. 答：在经济分析中，利润最大化的原则是边际收益等于边际成本。即 $MR=MC$。之所以在边际收益等于边际成本时能够实现利润最大化，是因为：如果边际收益大于边际成本，表明企业每多生产一单位产品，所增加的收益大于生产这一单位产品所增加的成本。

这时，对该企业来说，还有潜在利润没有得到，企业增加生产是有利的，也就是说没有达到利润最大化。

如果边际收益小于边际成本。表明企业每多生产一单位产品，所增加的收益小于生产这一单位产品所增加的成本。这对该企业来说就会造成亏损，更谈不上利润最大化了。因此企业必然要减少产量。

无论是边际收益大于边际成本还是小于边际成本，企业都要调整其产量，说明这两种情况下都没有实现利润最大化。只有在边际收益等于边际成本时，企业才不会调整产量，表明已把该赚的利润都赚到了，即实现了利润最大化。企业对于利润的追求要受到市场条件的限制，不可能实现无限大的利润。这样，利润最大化的条件就是边际收益等于边际成本。企业要根据这一原则来确定自己的产量。

5. 答：产生规模经济的原因有：

①随着生产规模的扩大，厂商可以使用更加先进的生产技术；

②生产规模的扩大有利于专业分工的细化；

③随着生产规模的扩大，厂商可以更加充分地开发和利用副产品；

④随着生产规模的扩大，厂商生产要素的购买和产品的销售方面就拥有更多的优势。

导致规模不经济的主要原因是管理的低效率。由于厂商规模过大，信息传递费用增加，信息失真。同时规模过大也滋生内部官僚主义，从而使规模扩大所带来的成本增加，出现规模不经济。

六、案例分析

1. 答：（1）我国钢铁行业和国外同行业的企业相比较，致命弱点是企业规模太小，没有形成规模经济。

（2）用规模经济的原理说明中国钢铁行业应该更好地为国家经济发展出力的关键是加速进行结构调整，形成规模经济，这样才能降低平均成本，提高我国钢铁产业产品的国际竞争力。

2. 答：（1）老板的各项成本和收益如下：

显性成本：40+60+6=106（万元）

隐性成本：4+6=10（万元）

经济成本：106+10=116（万元）

经济利润：130−116=14（万元）

会计利润：130−106=24（万元）。

（2）在此案例中老板自己觉得赚了 24 万元是算的会计利润，而经济学家是从经济利润的角度看的。故所得结论互不相同。

第 6 章　厂商均衡理论

一、单项选择题

1. 不存在进入壁垒的市场是(　　)。

A. 完全竞争市场　　B. 垄断竞争市场

C. 寡头垄断市场　　D. 完全垄断市场

2. 一个企业的市场占有率越高，表明(　　)。

A. 该行业的垄断程度越高　　B. 该行业的垄断程度越低

C. 该行业的竞争性越强　　D. 该行业的企业数量众多

3. 假如某企业的平均收益大于平均可变成本，则该企业(　　)。

A. 如果继续生产亏损一定更大　　B. 如果停止生产则无亏损

C. 应退出生产　　D. 应继续生产

4. 在完全竞争市场上，一个企业的短期供给曲线是指停止营业点之上的(　　)。

A. 可变成本曲线　　B. 边际成本曲线

C. 平均成本曲线　　D. 总成本曲线

5. 完全竞争厂商所面临的需求曲线是一条水平线，它表示(　　)。

A. 厂商可以通过改变销售量来影响价格

B. 厂商只能接受市场价格

C. 厂商可以通过联合来改变市场价格

D. 厂商可以通过改进生产技术，获得经济利润

6. 在 MR=MC 的均衡产量上，企业(　　)。

A. 必然得到最大的利润

B. 不可能亏损

C. 必然亏损最小

D. 若获利，利润最大；若亏损，损失最小

7. 根据完全竞争市场的条件，下列(　　)最接近完全竞争行业。

A. 自行车行业　　B. 玉米行业

C. 糖果行业　　D. 服装行业

8. 完全竞争市场上长期均衡的条件是(　　)。

A. $MR=MC$　　B. $AR=AC$

C. $MR=MC=AR=AC$　　D. $MR=MC$，$AR=AC$

9. 在任何市场中，厂商的平均收益曲线可以由(　　)。

A. 他的产品供给曲线表示　　B. 他的产品需求曲线表示
C. 行业的产品供给曲线表示　　D. 行业的产品需求曲线表示

10. 当一个完全竞争行业实现长期均衡时，每个企业(　　)。
A. 显性成本和隐性成本都得到补偿　　B. 经济利润都为零
C. 行业中没有任何厂商再进出　　D. 以上说法都对

11. 完全竞争厂商面临的需求曲线是一条(　　)。
A. 向右下方倾斜的曲线　　B. 与横轴平行的直线
C. 与横轴垂直的直线　　D. 向右上方倾斜的曲线

12. 在垄断厂商的短期均衡时，垄断厂商可能(　　)。
A. 亏损　　B. 利润为零
C. 获得利润　　D. 以上任何一种情况都可能出现

13. 对完全垄断厂商来说，(　　)。
A. 提高价格一定能够增加收益
B. 降低价格一定会减少收益
C. 提高价格未必能增加收益，降低价格未必会减少收益
D. 以上都不对

14. 垄断厂商如果面临的是线性需求曲线，总收益最大时(　　)。
A. 边际收益为正值且递增　　B. 边际收益为正值且递减
C. 边际收益为负值　　D. 边际收益为零

15. 完全垄断厂商的产品需求弹性为 1 时，(　　)。
A. 总收益最小　　B. 总收益最大
C. 总收益递增　　D. 总收益递减

二、多项选择题

1. 决定市场类型划分的主要因素有(　　)。
A. 厂商数目　　B. 产品差别程度
C. 单个厂商控制市场价格的能力　　D. 进出市场的难易程度

2. 根据不同市场结构的特征，可以将市场划分为以下(　　)几种。
A. 完全竞争市场　　B. 垄断竞争市场
C. 寡头垄断市场　　D. 完全垄断市场

3. 完全竞争市场必须具备的条件包括(　　)。
A. 大量的买者和卖者　　B. 产品同质
C. 资源完全自由流动　　D. 信息完全

4. 在完全竞争市场上，厂商的市场需求曲线和(　　)是重合的。
A. 平均收益曲线　　B. 边际收益曲线
C. 平均成本曲线　　D. 边际成本曲线

5. 完全竞争厂商在短期内的经营结果是(　　)。
A. 可能获利　　B. 可能亏损

C. 可能收支相抵　　D. 一定获利

6. 完全竞争厂商在长期内的经营结果是(　　)。

A. 获得了正常利润　　B. 隐性成本和显性成本都得到弥补

C. 可以获得超额利润　　D. 只有显性成本得到弥补

7. 完全竞争厂商在长期生产中对生产要素的调整可以表现为(　　)。

A. 对最优生产规模的选择　　B. 进行广告宣传以扩大销售量

C. 降低价格以吸引消费者　　D. 进入或退出一个行业

8. 关于生产者剩余，以下说法正确的是(　　)。

A. 是指厂商在提供产品时实际接受的总支付和愿意接受的最小总支付之间的差额

B. 在图形上表示为价格线以下和供给曲线以上的阴影部分的面积

C. 在图形上表示为价格线以上和需求曲线以下的阴影部分的面积

D. 只要总收益大于总可变资本，厂商就能得到生产者剩余

9. 假如某厂商处于完全竞争市场中，下面（　　）说法是不对的。

A. 他生产的商品需求弹性无限大

B. 他生产的商品需求弹性为零

C. 厂商的价格线和平均收益曲线重合且位于边际收益曲线的上方

D. 厂商的平均收益曲线和边际收益曲线重合且位于需求曲线的下方

10. 可以采用广告作为经营策略的市场有(　　)。

A. 完全竞争市场　　B. 垄断竞争市场

C. 寡头垄断市场　　D. 完全垄断市场

11. 完全竞争市场结构与垄断竞争市场结构的不同之处在于(　　)。

A. 前者市场可以自由进入，后者市场不可以自由进入

B. 前者产品是同质的，后者产品是异质的

C. 前者厂商被动接受价格，后者厂商有控制价格的权利

D. 前者厂商所面临的需求曲线是水平的，后者厂商所面临的需求曲线是向右下方倾斜的

E. 前者厂商在长期中不可以获得超额利润，后者厂商在长期中可以获得超额利润

12. 下列有关垄断竞争市场的说法正确的有(　　)。

A. 厂商可以自由进入市场，市场的竞争程度激烈

B. 产品都是同质的，厂商没有控制价格的权利

C. 厂商所面临的需求曲线和边际收益曲线不再重合

D. 厂商所面临的需求曲线是水平的

E. 厂商按照边际收益与边际成本相等进行生产，并且长期可以获得超额利润

13. 有关垄断市场以下说法正确的有(　　)。

A. 厂商可以自由进入市场，市场的竞争程度激烈

B. 厂商有控制价格的权利，并且可以对消费者实施价格歧视

C. 厂商所面临的需求曲线和边际收益曲线不再重合

D. 厂商所面临的需求曲线是水平的

E. 厂商按照边际收益与边际成本相等进行生产，并且长期可以获得超额利润

14. 处于短期均衡的垄断竞争厂商将会按下列（　　）方式生产。

A. 边际成本等于边际收益　　B. 边际成本等于价格

C. d 需求曲线与平均成本曲线的交点　　D. 需求曲线与边际成本曲线的切点

E. d 需求曲线与 D 需求曲线的交点

15. 在短期中，完全垄断厂商(　　)。

A. 有可能获得正常利润　　B. 有可能发生亏损

C. 永远获得超额利润　　D. 永远处于亏损状态

E. 可能获得超额利润

三、判断题

1. 在不同类型的市场上，行业的需求曲线都是向右下方倾斜的。(　　)

2. 如果某一行业的产品是同质的，或者是相互之间有很好的替代性，则这一行业一定是竞争市场。(　　)

3. 完全竞争厂商和行业的需求曲线都是水平线。(　　)

4. 对于完全竞争市场上的厂商来说，每个厂商都获得相同的利润率水平。(　　)

5. 厂商获得均衡状态的充分必要条件是 $MR=MC$。(　　)

6. 完全竞争厂商的平均收益和边际收益是相等的。(　　)

7. 完全竞争厂商完全不能控制商品的市场价格。(　　)

8. 完全竞争厂商短期和长期都不能获得超额利润。(　　)

9. 完全竞争厂商的短期均衡状态有五种情况，所以当 $P<AVC$ 时，厂商仍能达到均衡状态。(　　)

10. 完全竞争厂商的短期供给曲线是用 SMC 曲线大于和等于 SAC 曲线最低点的部分来表示。(　　)

11. 产品差别越大，市场垄断程度越高。(　　)

12. 在垄断竞争市场上，厂商所面临的需求曲线是水平的。(　　)

13. 在垄断竞争条件下，厂商所面临的 d 需求曲线在所有价格水平下都比 D 需求曲线更缺乏弹性。(　　)

14. 在垄断市场上，整个行业的需求曲线是一条与横轴平行的直线。(　　)

15. 在垄断市场上，由于只有一家企业，因此它可以随意定价。(　　)

四、问答题

1. 市场结构划分的标准有哪些？

2. 试简述完全竞争市场的条件。

3. 为什么 $MR=MC$ 是垄断厂商实现最大利润的均衡条件？

4. 试简要说明垄断市场短期均衡时的获利情况。

5. 试比较垄断竞争市场结构与完全竞争市场结构的异同。

五、案例分析

1. 打开电视、扑面而来的广告大多数是化妆品、洗涤用品、牙膏、家电等轻工业产品。比如“农夫山泉有点甜”，“好空调，格力造”，“好凉茶，好声音加多宝”，等等。从来也没有看到过石油、煤炭、钢铁；更没有看到过大米、面粉、水、电（不包括公益广告）的产品做广告。

试问：(1) 这是为什么呢？

(2) 试用相关经济学原理分析哪些企业的产品需要做广告，哪些企业的产品不需要？

2. 美国民航业的歧视定价。

根据市场原理，凡是不完全竞争的行业，都有可能实行歧视定价，只要具备垄断的两个条件就可以采用。美国民航业是寡头垄断行业，也采用了歧视定价的方法。

民航服务实行实名凭证件乘坐飞机，机票不可转让，这是实行歧视定价的一个条件。另一个实行歧视定价的条件是要设法将不同需求弹性的乘客分开。民航公司采用了不同的方法。第一种方法是对两个城市之间的往返乘客，周六在对方城市过夜的实行折扣价，周六不在对方城市过夜的实行全价。因为他们发现，一般来说，公务乘客周六不在对方城市过夜，即使价格高他们也要在周末回去与家人团聚。但普通乘客在有折扣时愿意选择周六在对方城市过夜。第二种方法，根据订票时间票价不同。一般来说，普通乘客出行有一个计划，可以提前订票，而公务乘客临时决定外出的购票者多，这样就可以根据订票时间不同实行价格歧视了。如提前两周订票打七折或更多，临时登机前购票者是全价。第三种方法，对不同收入者的歧视定价。机票价格在高收入者的支出中占的比例很小，需求就缺乏弹性，而对低收入者来说，机票价格占支出的比例就大，需求富有弹性。因此，根据不同的乘客确定不同的票价。例如，高价的票无任何限制，随时可以乘机，高收入者为了方便，不在乎多花钱。低价的票有种种限制，低收入者也愿意接受。这些方法都有效地区分了不同需求弹性的乘客，可以有效地实行歧视定价。

试问：(1) 什么是歧视定价？

(2) 为什么美国民航业要实行歧视性定价？

第6章习题参考答案

一、单项选择题

1. A　2. A　3. D　4. B　5. B　6. D　7. B　8. C
9. B　10. D　11. B　12. D　13. C　14. D　15. B

二、多项选择题

1. ABCD　2. ABCD　3. ABCD　4. AB　5. ABC　6. AB　7. AD
8. ABD　9. BCD　10. BCD　11. BCD　12. AC　13. BCE　14. AC
15. ABE

三、判断题

1. ✓　2. ✕　3. ✕　4. ✕　5. ✕　6. ✓　7. ✓　8. ✕　9. ✓
10. ✕　11. ✓　12. ✕　13. ✕　14. ✕　15. ✕

四、问答题

1. 答：市场结构是指市场的垄断与竞争程度。一般根据以下四个标准划分市场结构：（1）企业的数量；（2）产品差别；（3）单个企业对市场价格的控制程度；（4）进入市场的难易程度。

2. 答：完全竞争市场是一种竞争不受任何干扰和限制，没有一点垄断的市场结构。这种市场一般具备四个条件：

（1）市场上有大量的买者和卖者；

（2）市场上每一个企业提供的产品是无差异的；

（3）所有生产要素可以自由流动；

（4）信息是完全的。

3. 答：这是因为，只要 $MR>MC$，垄断厂商增加一单位产量所得到收益增量就会大于其所付出的成本增量，这时厂商增加产量是有利的。随着产量的增加，MR 会下降，而 MC 会上升，两者之间的差距逐步缩小，最后达到 $MR=MC$ 的均衡点，厂商也由此得到了产量增加的全部好处。而当 $MR<MC$ 时，情况正好与上面相反。所以，垄断厂商的利润在 $MR=MC$ 处达到最大值。

4. 答：在垄断市场上，企业可以通过对产量和价格的控制来实现利润最大化。企业根据 $MR=MC$ 决定最优产量，这种产量决定后，短期中将难以根据市场需求进行调整。因此，当市场供大于求，市场价格较低，且低于最优产量所对应的平均成本时，厂商将会亏损；反之则盈利，获得超额利润。当市场价格等于厂商在最优产量时的平均成本时，厂商的超额利润为零，但仍可以获得正常利润。

5. 答：两个市场的异同点如下：

同：市场都有无数的买者和卖者，市场可以自由进入，厂商都面临着激烈的竞争。

异：完全竞争市场中产品都是同质的，厂商被动接受价格，厂商所面临的需求曲线是水平的；垄断竞争市场的产品是异质的，厂商有控制价格的权利，当一家厂商提价时，其他厂商不会跟着提价，但当一家厂商降价时，其他厂商会跟着降价。

五、案例分析

1. 答：这里所说的产品差别不是指不同产品之间的差别，而是指同种产品在质量、包装、牌号或销售条件等方面的差别。例如服装的差别，是指服装在质量、牌号或销售条件方面的差别。

完全竞争市场的产品就不需要做广告。正是因为大米、面粉、鸡蛋和蔬菜等农贸市场上出售的商品没有差别，个别厂商也没有必要做广告。而垄断竞争市场和寡头市场的商品就需要做广告。这是因为，垄断竞争市场和寡头市场有较多的厂商，竞争激烈，而垄断竞争市场和寡头市场的企业生产的产品一般是有差别的，这就使企业可以通过产品的差别在一部分消费者心目中形成垄断。因此，企业创造产品特色的过程可以称为是创新活动，而企业产品的特色要消费者知道并做出消费抉择就需要做广告，就是把自己产品的特色告诉消费者。由于产品有特色，市场难以找到替代品，就会使企业在竞争中获胜。

2. 答：歧视定价就是同样的商品向不同的消费者收取不同的价格。美国民航业之所以要对乘客实行歧视定价是因为可以实现更大利润。美国民航业按乘客订票的时间、收入把乘客分为需求富有弹性和缺乏弹性两种。对需求富有弹性的消费者收取低价，而对需求缺乏弹性的乘客收取高价。

第7章　分配理论

一、单项选择题

1. 一个完全竞争的厂商，其在生产中只使用一种要素，则下面关于该厂商要素需求的说法错误的是(　　)。

A. 要素需求规律受边际报酬递减规律的支配

B. 厂商要素需求曲线的位置决定于要素的价格水平

C. 要素需求受制于产品的需求

D. 单个厂商的要素需求曲线就是要素的边际产品价值（VM_P）线

2. 与卖方垄断厂商的要素需求曲线相比较，完全竞争厂商的要素需求曲线(　　)。

A. 更平缓　　B. 更陡峭

C. 重合　　D. 无法确定

3. 用于生产产品 X 的 A 投入要素的边际产品价值可以解释为(　　)。

A. A 的边际产量乘以 A 的价格　　B. A 的平均产量乘以 A 的价格

C. A 的边际产量乘以 X 的价格　　D. A 的平均产量乘以 X 的价格

4. 一种可变要素的价格为 10 美元，该要素的边际产出为 5 单位的某产品，则能使该完全竞争厂商获得最大利润的产品价格是(　　)。

A. 10 美元　　B. 2 美元

C. 1 美元　　D. 0.5 美元

5. 在完全竞争的要素市场上，要素价格、产品的边际收益均为 4 美元，且此时厂商获得了最大利润，则该种要素的边际产量为(　　)。

A. 2　　B. 1

C. 4　　D. 不确定

6. 一个卖方垄断厂商在生产中使用一种要素，该要素的价格为 10 美元，边际产量为 5，所生产的产品的价格为 2 美元，则(　　)。

A. 实现了利润最大化，因为 $VM_P = W$

B. 实现了利润最大化，因为 $MR_P = W$

C. 未实现利润最大化，厂商的产量过多

D. 未实现利润最大化，厂商的产量过少

7. 一买方垄断厂商实现了最大利润的均衡，此时其要素使用量为 100，要素的边际产量为 2，产品价格为 10 美元，则其支付的要素价格很可能(　　)。

A. 等于 20 美元　　B. 等于 10 美元

C. 小于 20 美元　　D. 大于 20 美元

8. 在下列（　　）情况下，提高工资不会使失业增加很多。

A. 劳动的需求富有弹性　　B. 劳动的供给富有弹性

C. 劳动产品的需求富有弹性　　D. 劳动产品的需求缺乏弹性

9. 生产要素的需求属于(　　)。

A. 派生需求　　B. 直接需求

C. 未来需求　　D. 现实需求

10. 在完全竞争市场中，厂商使用生产要素的边际成本(　　)。

A. 递增　　B. 不变

C. 递减　　D. 先增后减

11. 以下（　　）物品属于生产要素。

A. 生吃的苹果　　B. 代步的小汽车

C. 用的笔　　D. 企业家才能

12. 在竞争性市场中，追求最大化利润的厂商将雇佣工人直到(　　)。

A. 工资率等于劳动的边际成本　　B. 工资率等于边际收益

C. 劳动的边际产品价值等于工资　　D. 劳动的边际产量等于工资率

E. 劳动的边际产品价值等于产品的边际成本

13. 多使用一单位劳动引起产量的增加称为(　　)。

A. 劳动的边际产品价值　　B. 劳动的边际产量

C. 劳动的边际成本　　D. 产出的边际成本

E. 工资率

14. 产品价格和劳动的边际产量的乘积是(　　)。

A. 劳动的价格　　B. 工资率

C. 劳动的边际产量　　D. 劳动的边际收益

E. 劳动的边际产品价值

15.（　　），收入分配越不平等；反之，收入分配越平等。

A. 基尼系数越大，洛伦茨曲线的弯曲程度越小

B. 基尼系数越小，洛伦茨曲线的弯曲程度越大

C. 基尼系数越小，洛伦茨曲线的弯曲程度越小

D. 基尼系数越大，洛伦茨曲线的弯曲程度越大

二、多项选择题

1. 分配论包括以下（　　）方面的内容。

A. 生产要素价格决定　　B. 收入分配不平等程度

C. 收入之间差异的原因　　D. 区域经济

2. 以下（　　）是生产要素需求的特点。

A. 间接性　　B. 派生性

C. 共同性　　D. 协作性

3. 完全竞争市场的基本性质可以描述为(　　)。

A. 要素的供求双方人数都很多　　B. 要素没有任何区别

C. 要素供求双方都具有完全的信息　　D. 要素可以充分自由地流动

4. 厂商使用生产要素的边际成本等于要素价格这一原则(　　)。

A. 适应于完全竞争条件下　　B. 适应于卖方垄断条件下

C. 不适应于完全竞争条件下　　D. 不适应于卖方垄断条件下

5. 以下（　　）生产函数中的变量能够找到大致适用的实物单位衡量。

A. 产品　　B. 劳动

C. 土地　　D. 资本

6. 以下（　　）选项被看做要素收益。

A. 地租　　B. 工资

C. 利润　　D. 利息

7. 西方经济学将利润看做(　　)。

A. 一种收益　　B. 企业家才能贡献的回报

C. 资本所有者的收益　　D. 其他

8. 生产要素的价格取决于(　　)。

A. 边际生产力　　B. 要素的边际成本

C. 要素的供给　　D. 要素的供求共同决定

9. 劳动力要素的需求曲线是一条向(　　)倾斜的曲线，体现(　　)与工资成(　　)变动。

A. 右下方，劳动力要素需求，反方向

B. 左下方，劳动力要素需求，反方向

C. 右上方，劳动力要素需求，正方向

D. 右下方，劳动力要素供给，反方向

10. 完全竞争厂商要素需求曲线等于边际产品价值曲线的结论实际上要依赖于两个潜在的假定，即(　　)。

A. 要素的边际产品曲线不受要素价格变化的影响

B. 产品价格不受要素价格变化的影响

C. 要素的边际产品曲线受到要素价格变化的影响

D. 产品价格受到要素价格变化的影响

11. 劳动、土地、资本和企业家才能等生产要素的价格分别是(　　)。

A. 工资　　B. 利润

C. 利息　　D. 税率

E. 地租

12. 影响劳动供给的因素有(　　)。

A. 工资率　　B. 闲暇

C. 劳动者拥有的财富状况　　D. 社会习俗

E. 人口总量及其构成

13. 利息是(　　)。

A. 资本的报酬

B. 资本这一生产要素的价格

C. 由资本市场供求双方决定的

D. 由劳动市场供求双方决定的

E. 劳动的报酬

14. 劳动的供给与其他产品的供给不同，它由(　　)等因素决定。

A. 劳动力的训练和质量

B. 劳动力的年龄和性别

C. 劳动者对劳动的偏好

D. 劳动者对闲暇的偏好

15. 下列生产要素中，(　　)的源泉及其服务都可以在市场中交易。

A. 土地

B. 劳动

C. 资本

D. 企业家才能

三、判断题

1. 对完全竞争厂商来说，如果其雇佣的最后一个工人所带来的产量增量（即 *MP*）比所有工人的平均产量（即 *AP*）大，则即便该厂商的劳动使用量满足 $VMP=W$ 的条件，也不可能实现利润的最大化。(　　)

2. 一个完全竞争的厂商和一个卖方垄断的厂商都是劳动市场上完全竞争的买者，由于二者支付的工资价格相同，因此为这两个厂商工作的工人得到的工资都将与其边际产出的价值相等。(　　)

3. 即使劳动的边际产量固定不变，一个卖方垄断厂商的劳动需求曲线也仍然是向右下方倾斜的。(　　)

4. 一个劳动市场上的完全竞争的买主同时雇佣熟练劳动力和非熟练劳动力，该厂商为这两类劳动力支付的工资价格也应有所不同。(　　)

5. 生产要素价格的决定在西方经济学的传统上是分配论的一个重要部分。(　　)

6. 19 世纪初的西方经济学家把企业家才能看做一种生产要素。(　　)

7. 利润被看成企业家才能的收益，资本所有者的收益被看做利息。(　　)

8. 生产要素价格决定的主要理论基础是所谓的边际生产率分配论。(　　)

9. 收入差异的原因不是分配论的研究内容。(　　)

10. 产品市场上的需求是直接需求，要素市场上的需求是间接需求。(　　)

11. 劳动的市场供给曲线是一条向右上方倾斜的曲线。(　　)

12. 闲暇价格变化的收入效应大于替代效应，于是，劳动供给曲线在较高的工资水平上开始向后弯曲。(　　)

13. 所有生产要素的源泉及其服务都可以在市场中交易。(　　)

14. 洛伦茨曲线弯曲程度越大，收入分配程度越平等，反之亦然。(　　)

15. 要素供给曲线总是向右上方倾斜的。(　　)

四、问答题

1. 生产要素的需求为什么又称为派生需求？

2. 为什么生产要素理论又称为多种生产要素共同使用理论？

3. 为什么要素市场分析理论又称为分配理论？
4. 要素使用原则和利润最大化产量原则有何关系？
5. 劳动供给曲线为什么向后弯曲？

五、案例分析

美国最低工资法。1998年3月，美国克林顿总统提议在两年内将最低工资提高1.00美元，使其达到6.15美元。自从1938年制定25美分联邦最低工资开始，经济学家们就一直对最低工资法的利益与成本存在争论。联邦最低工资法起初只覆盖了全部劳动力的43%，主要是那些在涉及洲际间商业活动的大型厂商里工作的工人。多年以来，最低工资不断提高，覆盖范围也一再扩大，到1998年，最低工资法覆盖了全部劳动力的86%，(仍然没有涵盖的群体包括从事家庭服务的劳动者和在小零售企业、小餐馆里工作的人)。

在克林顿提议增加最低工资的那段时间，大约有1 200万工人每小时工资在5.15美元和6.15美元之间，因此他们可能受到工资增加的影响。这个群体包括许多非熟练工人或年轻工人，他们大多数在服务业和零售业中从事临时性的工作。最低工资立法的鼓吹者认为适当地实施最低工资能够增加最贫困工人的收入，而对整个就业影响不大，甚至没有影响。最低工资立法的批评者认为高于市场出清水平的最低工资会促使雇主相应减少工人雇佣量或者削减非工作报酬，造成许多负面影响。而首当其冲遭受解雇的工人是来自非熟练工人团体中的底层，即教育水平低、技能最差、健康有问题的人，他们正是政府希望保护和援助的对象，但结果却是他们首先受到伤害。

其他的负面影响主要表现为：首先，就业量的下降不仅表现为就业人数的下降，还表现为就业工人工作时间的下降，所以会有相当一部分非熟练工人处于半失业状态。其次，当政府要求企业提高货币工资时，企业可以采取相应减少别的福利待遇的对策，使真实的工资上升幅度小于货币的上升幅度，甚至完全抵消。首先受到削减的福利可能会是非熟练工人，尤其是临时工人的福利政策。其三，在那些受到最低工资法管制的行业找不到工作的人会转向管制范围之外的行业，从而压低这些行业的工资水平，雇主可以在挑选工人时采取更挑剔苛刻的态度，并按照自己的偏好实行歧视性雇佣政策，如性别歧视、种族歧视、年龄歧视等，所以，那些具有大多数雇主不喜欢的特征（如性别、肤色等）的工人变成了牺牲者。

试问：(1) 什么是最低工资法？

(2) 美国为什么要实行最低工资法？最低工资法会对市场产生什么影响？

第7章习题参考答案

一、单项选择题

1. B　2. A　3. C　4. B　5. B　6. C　7. C　8. D
9. A　10. B　11. D　12. B　13. B　14. E　15. D

二、多项选择题

1. ABC　2. ABCD　3. ABCD　4. AB　5. ABC　6. ABCD　7. AB
8. ABCD　9. BCD　10. AB　11. ABCE　12. ABCDE　13. ABC　14. ABCD
15. AC

三、判断题

1. ✓　2. ✕　3. ✓　4. ✓　5. ✓　6. ✕　7. ✓　8. ✓　9. ✕
10. ✓　11. ✓　12. ✓　13. ✕　14. ✕　15. ✕

四、问答题

1. 答：厂商通过购买生产要素进行生产并从中获得收益，部分地取决于消费者对其所生产的产品的需求。也就是说，厂商对生产要素的需求是从消费者对产品的直接需求中派生出来的，因而称为派生需求。

2. 答：对生产要素的需求有共同性的特点，即对要素的需求是共同的、相互依赖的需求。而这个特点是技术的原因，即生产要素往往不是单独发生作用。这种共同性给经济分析带来一种后果，即对某种生产要素的分析，不仅取决于该生产要素的价格，而且也取决于其他生产要素的价格，因此，严格来说，生产要素理论应当是关于多种生产要素共同使用的理论。

3. 答：因为要素的价格和使用量是决定消费者收入水平的重要因素，所以要素价格理论在西方经济学中又被看成是所谓的分配理论。

4. 答：追求最大利润的厂商，其要素使用原则与利润最大化产量原则是一致的。

就完全竞争厂商来说，其最优要素使用量必须满足 $P\times MP=VMP=W$ 的条件。由于 W/MP 其实就相当于产品的边际成本 MC，因此上述要素使用原则实际上可以写为 $P=MC$，而这恰恰就是完全竞争厂商确定利润最大化产量的原则。

就卖方垄断厂商和买方垄断厂商来讲也是如此。卖方垄断厂商使用要素的原则为 $MRP=W$，而 MRP 又等于 $MR\cdot MP$，所以有 $MR=\frac{W}{MP}=MC$，这正是产品市场上的垄断者实现利润最大化产量所必须满足的条件。买方垄断厂商使用要素的原则为 $VMP=MFC$，其中，$VMP=P\cdot MP$，$MFC=MC\cdot MP$，两边同时消去一个 MP，即得 $P=MC$，这也正好就是作为产品市场上一个完全竞争者的买方垄断厂商赖以确定其最大利润产量的依据。

5. 答：劳动供给曲线表明的是劳动供给量与劳动价格之间的关系，劳动的供给曲线是向后弯曲的，它表示劳动的供给量起初随工资率的提高而增加，而工资率提高到一定程度后，供给量会随工资率提高而减少，从而使供给曲线呈向后弯曲形状。劳动供给可以看成是闲暇需求的反面，劳动供给的增加就是闲暇需求的减少，并且劳动价格（工资）就是闲暇的机会成本或价格。从替代效应上看，工资上升总会导致闲暇需求量的减少，即劳动供给增加。但从收入效应来看，工资上升时，对闲暇的需求也会随之增加。当工资较低时，替代效应大于收入效应，故闲暇的需求量会随着工资的上升而下降，即劳动供给增加，但工资较高时，则工资上涨引起的整个劳动收入的增量很大，收入效应可能大于替代效应，因而，劳动供给会减少，引起劳动供给曲线向后弯。

五、案例分析

答：最低工资法是政府规定企业支付给工人的最低工资的法律。美国政府通过立法规定最低工资，是为了保证在业劳动者的利益，特别是能够增加最贫困工人的收入。在市场劳动的供给大于需求时，工人的收入就会下降，生活水平也会降低。而最低工资法可以使工资维持在一定的水平上，从而使劳动者的生活水平不至于因为收入的降低而下降。如图 7-1 所示，当政府把劳动力的工资从市场决定的 W_0 提高到 W_1 时，除劳动力的收入会因此增加以外，市场上劳动供给就会从 L_0 增加到 L_2，这在市场劳动力供给不足时，会引导市场增加劳动力供给，促进经济发展；但当劳动的供给大于需求时，也会导致失业的增加，政府应想办法克服最低工资法的负面影响。

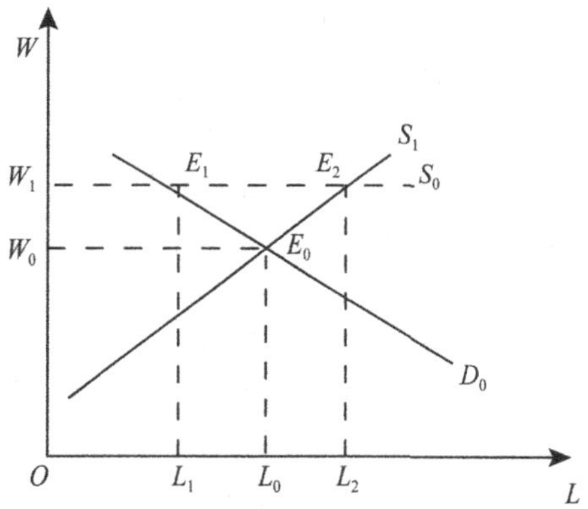

图 7-1

第 8 章　市场失灵与政府干预

一、单项选择题

1. 市场失灵是指(　　)。

A. 市场没有达到可能达到的最佳结果

B. 市场没能使社会资源的分配达到有效率的状态

C. 市场未能达到社会收入的公平分配

D. 以上三种都是

2. 公共产品具有以下（　　）特性。

A. 外部性　　B. 排他性

C. 竞争性　　D. 以上都是

3. 下面（　　）术语可以用来描述一个养蜂主与其邻近的经营果园的农场主之间的影响。

A. 外部不经济　　B. 外部经济

C. 外部有害　　D. 以上都不是

4. 解决外部不经济可以采取以下（　　）方法。

A. 通过征税的方法　　B. 通过产权界定的方法

C. 通过将外部性内在化的方法　　D. 以上各项都可行

5. 公共产品的定价(　　)。

A. 由市场供求决定　　B. 由垄断组织通过竞争决定

C. 用成本-效益分析法进行评估　　D. 由购买者决定

6. 公共产品的生产可以通过特定的社会体制决定，称为公共选择理论，下面属于公共选择理论的内容为(　　)。

A. 集权决策　　B. 投票决策

C. 阿罗不可能定理　　D. 以上各项都是

7. 关于科斯定理，以下论述正确的是(　　)。

A. 科斯定理阐述的是产权和外部性的关系

B. 科斯定理假设没有政府的干预

C. 科斯定理一般在涉及交易主体数目较少时才较为有效

D. 以上各项都正确

8. 通过产权界定或给资源使用权定价，较适宜于有效利用的资源为(　　)。

A. 人力资源　　B. 一次性使用资源

C. 可再生自然资源　　D. 以上各项都不是

9. 通过税收或补贴来使外部性内在化，是指(　　)。

A. 通过税收使原有外部不经济的产品增加供给

B. 通过税收使原有外部不经济的产品减少需求

C. 通过补贴使原有外部经济的产品增加供给

D. 通过补贴使原有外部经济的产品减少需求

10. “搭便车”现象是对下面（　　）的一种形象的比喻。

A. 社会福利问题　　B. 公共选择问题

C. 公共产品问题　　D. 市场失灵问题

11. 以下现象属于市场失灵的是(　　)。

A. 收入不平等　　B. 自然垄断

C. 市场控制　　D. 以上都是

12. 导致市场失灵的因素是(　　)。

A. 反垄断立法　　B. 公共部门生产

C. 自然垄断　　D. 以上都是

13. 为了达到社会平等、生产效率及价格效率等目的，对自然垄断实施价格管制，以下说法错误的是(　　)。

A. 社会平等要求 $P=AC$

B. 价格效率要求 $P=MC$

C. 生产效率要求 $P=MC$ 和 $P=\max AC$

D. 采用价格管制达到上述三个目的是不可能的

14. 经济管制侧重于(　　)。

A. 价格　　B. 产出水平

C. 厂商进入或退出的条件　　D. 以上都是

15. 政府进行市场干预的理由是(　　)。

A. 税收　　B. 反托拉斯法

C. 外部性　　D. 以上都是

二、多项选择题

1. 市场失灵是指(　　)。

A. 市场机制没能使社会资源的分配达到最有效率的状态

B. 价格机制不能起到有效配置资源的作用

C. 根据价格所做的决策使资源配置发生扭曲

D. 人们在市场中不能购买商品

2. 某人的吸烟行为属于(　　)。

A. 生产的外部经济　　B. 消费的外部不经济

C. 生产的外部不经济　　D. 消费的负外部性

3. 解决外部不经济(　　)的方法。

A. 通过税收　　B. 通过产权界定
C. 通过将外部性内在化　　D. 退出市场

4. 某项生产活动存在外部经济时，其产量(　　)帕累托最优产量。
A. 可能大于　　B. 等于
C. 可能小于　　D. 以上三种情况都有可能

5. 以下选项中，(　　)不是公共产品的特征。
A. 非排他性　　B. 非竞争性
C. 外部性　　D. 由政府提供

6. 公共产品的定价(　　)。
A. 不由市场供求决定　　B. 由垄断组织通过竞争决定
C. 用成本-效益分析法进行评估　　D. 由购买者决定

7. 政府提供的物品(　　)公共物品。
A. 一定是　　B. 部分是
C. 大部分是　　D. 不都是

8. 公共产品的生产可以通过特定的社会体制决定，称为公共选择理论，下面属公共选择理论的内容为(　　)。
A. 集权决策　　B. 投票决策
C. 阿罗不可能定理　　D. 价格决定

9. 关于科斯定理，正确的论述是(　　)。
A. 科斯定理阐述的是产权和外部性的关系
B. 科斯定理假设没有政府的干预
C. 科斯定理一般在涉及交易主体数目较少时才较为有效
D. 科斯定理阐述的是产权和内部性的关系

10. 面对不对称信息时，(　　)不能对消费者提供质量保证。
A. 品牌　　B. 低价格
C. 长期质量保证书　　D. 产量大

11. 被称为外部经济效果的市场失灵并不是发生在(　　)。
A. 当市场不能完全出清时
B. 当竞争建立在自身利益最大化的前提上时
C. 当厂商追求利润最大化时
D. 当市场价格不能反映一项交易的所有成本和收益时

12. 使用价格管制于自然垄断行业是因为(　　)。
A. 规模经济要求垄断厂商存在　　B. 管制价格可以使价格降低
C. 管制价格可以使产量增加　　D. 管制价格可以使利润增加

13. 对垄断厂商实行价格管制的困难主要在于(　　)。
A. 垄断厂商具有关于成本的信息，而政府部门没有
B. 垄断厂商可能采取对称性行为
C. 政府部门人力有限而企业人力数量多

D. 政府效率低

14. 下列不属于寻租行为的例子是(　　)。

A. 一家公司设法增加在自己所有的财产上收取的租金

B. 公司投入资源去劝说政府阻止新公司进入它的行业

C. 政府设法找出一家公司垄断租金的大小

D. 政府设法剥夺一家公司的垄断租金

三、判断题

1. 市场失灵是指市场完全不好。(　　)
2. 市场失灵是指市场没有达到可能达到的最佳结果。(　　)
3. 完全竞争市场一定比垄断市场更能保证生产资源的有效利用。(　　)
4. 企业能够得到大规模生产好处的最起码的规模称为最低限度的效率规模。(　　)
5. 垄断对社会造成的损害只在于企业获得了超额利润。(　　)
6. 在确定公共产品价格时常用“成本+公平利润”法。(　　)
7. 公用事业委员会执行严格的价格管制方法导致经营者经营效率的下降。(　　)
8. 在某个市场的需求条件只允许一个企业达到最低限度的效率规模时，称为自然垄断。(　　)
9. 自然垄断行业向非自然垄断行业的转变，是政府管制失灵的一个原因。(　　)
10. 公共产品的一个显著特点是排他性。(　　)
11. 公共产品在一定条件下具有非竞争性。(　　)
12. 公共产品一般在消费时具有外在性。(　　)
13. 在一定条件下，增加公共产品消费者人数并不需要减少其他消费品的生产。(　　)
14. 公共选择理论就是用经济学分析、研究政府对公共产品的决策和选择。(　　)
15. 当存在外部不经济时，厂商的私人成本高于社会成本。(　　)

四、问答题

1. 试简述什么是市场失灵，其原因有哪些?
2. 外部性如何导致资源配置失当?
3. 什么是“搭便车”问题?
4. 什么是“科斯定理”，你是如何看待“科斯定理”的?
5. 为什么市场机制不能提供公共物品?

第 8 章习题参考答案

一、单项选择题

1. D　　2. A　　3. B　　4. D　　5. C　　6. D　　7. D　　8. C　　9. B

10. C　11. D　12. C　13. C　14. D　15. C

二、多项选择题

1. ABC　2. BD　3. ABC　4. AC　5. ABCD　6. ABD　7. BD　8. ABC
9. ABC　10. BD　11. ABC　12. ABC　13. ABC　14. ACD

三、判断题

1. ×　2. √　3. ×　4. √　5. ×　6. √　7. ×　8. √　9. ×
10. √　11. √　12. ×　13. √　14. √　15. √

四、问答题

1. 答：市场失灵是指在一个未加管制的市场上，买方和卖方的选择导致了无效的产出。在市场失灵的情况下，价格体系无法实现资源的有效配置。市场失灵产生于三个原因：第一，公共物品的存在，即市场机制能够有效地提供私人物品，却不能有效地提供公共物品。第二，外部性的存在，即市场机制能够实现私人利益的最大化，但由于外部收益与外部成本的存在，并不能同时实现社会利益的最大化。第三，垄断的存在，即竞争必然产生垄断，市场机制是以完全竞争为前提的，但在垄断存在时，市场机制的作用必然受到某种限制。此外，即使市场机制能够实现配置效率，但其结果也不能实现社会福利的最大化。这就是在市场机制调解下所产生收入不平等的问题。正是市场失灵的存在引起了政府干预。

2. 答：在微观经济学中，我们一般假定不存在外部影响，这样，自由竞争的市场机制就能够使资源配置达到最优。但是，在现实经济活动中，不可能不存在外部影响。一般来说，根据私人利益和社会利益、私人成本和社会成本的大小关系，外部影响可以分为外部经济和外部不经济。当私人收益小于社会收益时，外部影响表现为外部经济。在这种情况下，一般个人从事了这项经济活动，那么从社会上其他人所得到的好处中拿出一部分来补偿进行这项活动的私人所受到的损失后还会剩余，也就是使一些人状况变好而没有人状况变坏。这说明在存在外部经济的情况下，私人活动的水平常常低于社会所要求的水平；当私人成本小于社会成本时，外部影响就表现为外部不经济。在这种情况下，一个人从事了这项经济活动，那么从社会上其他经济活动所受到的损失要大于私人所受到的损失。这样，从整个社会来看，其实是无效率的。这说明存在外部不经济的情况下，私人活动水平常常高于社会所要求的水平。

3. 答："搭便车"问题是指经济中不支付即可获得消费满足的人及其行为。产生这种现象的原因是商品的非排他性。由于商品的这种特征，拥有或消费这种商品的人不能或很难把他人排除在获得该商品带来的满足的范围之外。例如，警察提供一种劳务，而新出生的人也会受到它的保护。这就意味着任何不支付费用的经济当事人都试图通过不付费而获得警察的保护，因此这一特征及其相应的问题被形象地称为"搭便车"问题。

4. 答：科斯定理的内容主要是只要是财产权是明确的，并且假定交易成本为0，则不管开始时将产权赋予哪一方，都可以达到资源的最优配置。也就是说，财产权明确给 A

或明确给 B，对于最后的资源最优配置没有影响。当然，我们要注意，这里是在假定交易成本为 0 的情况下所得出的结论。正如实际经济中的情况，如果交易成本不为 0，那么只是明确产权并不能达到资源的最优配置。根据科斯定理，外部影响最终导致资源配置无效的原因在于产权不明确。如果产权明确，有些外部影响就不会发生。也就是说，解决外部影响问题时不一定要求政府干预，只要产权明确，市场就能够自动解决外部影响问题。但是，在该理论提出以前的传统经济学认为，解决外部影响的问题时要求由政府的干预。当出现外部不经济时就要进行征税，征税的数额应等于外部不经济给其他社会成员造成的损失，从而使得私人成本等于社会成本；当出现外部经济时，政府就要采取津贴的办法，使私人收益等于社会受益，从而使得资源配置达到最优。可以说，科斯定理对传统经济学解决外部影响问题的方法提出了挑战，并且在理论和实践中也得到验证。

5. 答：市场机制是一种利益调节机制。因此，市场机制对具有竞争性和排他性的私人物品能够起到调节作用。对于公共物品来说，由于它失去了竞争性和排他性，增加消费并不会导致成本的增加，消费者对其支付的价格往往是不完全的，甚至根本无需付费。在此情况下，市场机制对公共物品的调节作用是有限的，甚至是无效的。由于市场机制对公共物品生产的调节作用具有局限性，因此，如果单纯依靠市场机制来调节该类产品的生产，其产出可能为零。至少，市场所提供的公共物品将无法满足社会的需求，即市场机制分配给公共物品生产的资源将是不足的，资源因此而不能得到有效配置，帕累托最优状态也就无法实现。

第 9 章　国民收入核算

一、单项选择题

1. 国内生产总值表示一定时期内的某一国家或地区经济(　　)的市场价值。
   A. 所有经济交易　　B. 所有市场交换的最终商品和劳务
   C. 所有商品与劳务　　D. 生产的所有最终商品和劳务
2. 一国的国民生产总值（GNP）(　　)。
   A. 是指一定时期内（通常一年）在该国境内生产的全部最终产品和劳务的货币价值总和
   B. 是指一定时期内（通常一年）该国的国民（无论在哪里居住）生产的全部最终产品和劳务货币价值总和
   C. 等于 C，S，G 和 X 的总和
   D. 在数值上总是低于 GDP
3. 一国的 GDP 与 GNP 之间的主要区别在于 GDP 包括(　　)。
   A. 外国要素所有者在该国内获得的净要素报酬
   B. 固定资本消费
   C. 转移支付
   D. 政府购买支出
4. 在下列情形中，应该计入当年国内生产总值的是(　　)。
   A. 当年生产的吉他
   B. 去年生产而在今年销售出去的吉他
   C. 某人去年购买而在今年转售给他人的吉他
   D. 生产企业今年计划在明年生产的吉他
5. 国内生产总值中的最终产品是指(　　)。
   A. 有形产品
   B. 无形的产品
   C. 既包括有形的产品，也包括无形的产品
   D. 供以后的生产阶段作为投入的产品
6. 在下列情况中作为最终产品的是(　　)。
   A. 被面包厂购买用于生产面包的面粉
   B. 汽车制造厂新生产出来的小汽车
   C. 旅游公司用于载客的小汽车

D. 被生产厂出售给面包店的面包

7. 经济学中的投资是指(　　)。

A. 企业增加一笔存货　　B. 建造一座住宅

C. 企业购买一台计算机　　D. 以上都是

8. 计算国内生产总值的支出法又称为(　　)。

A. 要素支付法　　B. 部门法

C. 最终产品法　　D. 要素收入法

9. 用支出法计算国内生产总值时，应(　　)。

A. 将人们取得的收入加总

B. 将提供物质产品与劳务的各个部门的产值加总

C. 将各生产要素在生产中所得到的各种收入加总

D. 将购买各种最终产品所支出的货币价值加总

10. 江先生在家里后院自己种菜自家食用，这种活动(　　)。

A. 不计算在 GDP 之内，是为了避免重复计算

B. 不计算在 GDP 之内，因为这里包含了中间产品

C. 计算在 GDP 之内，因为它反映了生产活动

D. 具有生产性，但不计算在 GDP 之内，因为没有市场交易发生

11. 国内生产净值是指(　　)。

A. 一年内本国常住居民所生产的最终产品的价值的总和

B. 一年内在本国领土所生产的最终产品的市场价值总和扣除折旧的部分

C. 一年内在本国领土所生产的最终产品的市场价值总和

D. 一年内在本国领土所生产的最终产品的市场价值根据价格变化调整过的数值总和

12. 个人可支配收入是指从个人收入中扣除(　　)。

A. 折旧　　B. 转移支付

C. 个人所得税　　D. 间接税

13. 在一个只有家庭、企业和政府构成的三部门经济中，一定有(　　)。

A. 家庭储蓄等于净投资

B. 家庭储蓄等于总投资

C. 家庭储蓄加折旧等于总投资加政府支出

D. 家庭储蓄加税收等于净投资加政府支出

14. 如果某年的实际 GDP 为 800 亿元而名义 GDP 为 2 400 亿元，则该年的价格指数为(　　)。

A. 300　　B. 200

C. 240　　D. 100

15. 今年的名义国内生产总值大于去年的名义国内生产总值，(　　)的表述才是正确的。

A. 今年物价水平一定比去年高了

B. 今年生产的物品和劳务的总量一定比去年增加了
C. 今年的物价水平和实物产量水平一定都比去年提高了
D. 今年物价水平和实物产量水平至少有一项提高了

二、多项选择题

1. 下列说法中，(　　)项不是 GDP 的特征。
A. 它是用价值量测度的　　B. 它测度的是最终产品和劳务的价值
C. 它只适用于给定的时点　　D. 它测度的是销售的产品价值
2. 经济学中投资是指(　　)。
A. 企业增加一批库存商品　　B. 建造一批商品房
C. 居民购买一套新建商品房　　D. 家庭购买公司债券
3. GNP 核算不反映以下(　　)交易
A. 购买一幢别人以前拥有的住房，支付给中介人 6%的中介费
B. 新建但未销售的住房
C. 与朋友打赌获得 100 元
D. 大学生每月获得的生活补贴
4. 下列项目中(　　)不是要素收入。
A. 公务员工资　　B. 公司对福利院的捐款
C. 房屋所有者收取的房租　　D. 购买公债应得的利息
5. 煤炭具有多种用途，作为最终产品的是(　　)。
A. 家庭用于做饭　　B. 餐馆用于做饭
C. 供热公司用于供暖气　　D. 居民用于取暖
6. GDP 如果用收入法来衡量，则它等于(　　)之和。
A. 工资　　B. 利息和租金
C. 利润　　D. 间接税
7. 公司利润包括(　　)。
A. 租金　　B. 股息
C. 公司所得税　　D. 公司未分配利润
8. 国内生产总值指标的局限性有(　　)。
A. 没有反映社会污染程度　　B. 没有反映社会分配状况
C. 没有反映人们闲暇状况　　D. 没有反映社会成本
9. 计算国民生产总值的方法有(　　)。
A. 支出法　　B. 收入法
C. 生产要素法　　D. 综合法
10. 国内生产总值的大小受(　　)的影响
A. 最终产品　　B. 劳务数量
C. 统计口径　　D. 价格水平

三、判断题

1. 国内生产总值等于各种最终产品的价值总和。(　　)
2. 某人出售一幅旧油画所得到的收入，应该计入当年的国内生产总值。(　　)
3. 国内生产总值中的最终产品是指有形的物质产品和无形的劳务产品。(　　)
4. 国内生产总值减去折旧就是国内生产净值。(　　)
5. 同样的最终产品按不同的价格会计算出不同的国内生产总值。(　　)
6. 个人收入就是个人可支配收入。(　　)
7. 只有根据名义国内生产总值，才能准确反映国内经济的实际增长情况。(　　)
8. 两部门经济模型的主体是企业和政府。(　　)
9. 实际国民生产总值一般都高于名义国民生产总值。(　　)
10. GDP 是按国土原则计算出来的。(　　)
11. 投资是国民经济循环的漏出，储蓄是国民经济循环的注入。(　　)
12. 库存增加表明一国的总投资下降。(　　)

四、计算题

1. 试填写表 9-1 中的数字，并说明：

(1) 最终产品笔记本的价值是多少？

(2) 如果不区分中间产品与最终产品，各个阶段的总产值是多少？

(3) 在各个阶段上的增值额是多少？

(4) 重复计算的中间产品成本总额是多少？

表 9-1

生产阶段	产品价值	中间产品成本	增值
木材	5	—	
纸浆			5
纸张	20		
笔记本			15
合　计	70		

2. 某经济社会在某时期发生了以下活动：

(1) 一银矿公司支付 7.5 万元工资给矿工开采了 50 万磅银卖给一银器制造商，售价 10 万元；

(2) 银器制造商支付 5 万元工资给工人造一批项链卖给消费者，售价 40 万元。

①试用最终产品生产法计算当年这个时期的 GDP；

②每个生产阶段生产了多少价值？试用增值法计算 GDP；

③生产活动中赚得的工资、利润共计分别为多少？试用收入法计算 GDP。

3. 某一经济社会生产六种产品，它们在 2008 年和 2009 的产量。价格如表 9-2 所示。

表 9-2

产品	2008 年产量	2008 年价格/（元）	2009 年产量	2009 年价格/（元）
A	25	1.5	30	1.68
B	50	7.5	60	8.35
C	40	6.0	50	7.20
D	30	5.0	35	5.50
E	60	2.0	70	2.50

试求：（1）2008 年和 2009 年的名义 GDP；

（2）以 2008 年为基期，2009 年的实际 GDP。

五、问答题

1. 为什么下述项目不能计入当年的国内生产总值或国民生产总值：

（1）一个厨师在自己家里烹调食物；

（2）某人在家里放一张刚买来的古典音乐的唱片所得到的享受；

（3）某人从市场买一辆旧车；

（4）某人买进了已故著名画家的绘画真品；

（5）某人在股票价格上升时卖出所持有的股票获得的收入。

2. 某日本人到美国建立了一家汽车厂生产小汽车，这对美国的国内生产总值和国民生产总值有什么影响？这两种影响存在什么差异？

3. 某理发师有一天得到 400 美元的收入。在这一天里，他的折旧费是 50 美元。在其余的 350 美元里，他向政府交纳 30 美元的销售税，留下 100 美元用于未来购买设备，以工资的形式拿回家 220 美元。在拿回家的 220 美元里，他向政府交纳了 70 美元的个人所得税。该理发师在这一天里对国内生产总值、国内生产净值、国民收入、个人收入、个人可支配收入各做了多少贡献？

4. 如果原来领取最低生活补助的下岗工人重新就业，GDP 会发生什么变化？

5. 为什么要区分名义 GDP 和实际 GDP？

6. 试简述国内生产总值的三种核算方法。

第 9 章习题参考答案

一、单项选择题

1. D　2. B　3. A　4. A　5. C　6. C　7. D　8. C
9. D　10. D　11. B　12. C　13. D　14. A　15. D

二、多项选择题

1. CD　2. ABC　3. CD　4. BD　5. AD　6. ABCD　7. BCD　8. ABCD
9. ABC　10. ABD

三、判断题

1. ×　2. ×　3. ✓　4. ✓　5. ✓　6. ×　7. ×　8. ×
9. ×　10. ✓　11. ×　12. ×

四、计算题

1. 解：根据表 9-1 中的数据，将计算结果填入表内，如表 9-3 所示。

表 9-3

生产阶段	产品价值	中间产品成本	增值
木材	5	—	5
纸浆	10	5	5
纸张	20	10	10
笔记本	35	20	15
合　计	70	35	35

（1）最终产品笔记本的价值是 35 元。
（2）如果不区分中间产品与最终产品，各个阶段的总产值是 70 元。
（3）在各个阶段上的增值额是 35 元。
（4）重复计算的中间产品成本总额是 35 元。
2. 解：
①项链为最终产品，价值 40 万元。
②开矿阶段生产 10 万元，银器制造阶段生产 30 万元，即 40 万元−10 万元＝30 万元，两个阶段共增值 40 万元。
③在生产活动中，所获得工资共计：7.5+5＝12.5（万元）。在生产活动中，所获得利润共计：（10−7.5）+（40−10−5）＝27.5（万元）。用收入法计得的 GDP 为：12.5+27.5＝40（万元）
可见，用最终产品、增值法和收入法计得的 GDP 是相同的。
3. 解：（1）2008 年名义 GDP 为：

$$1.5\times25+7.5\times50+6\times40+5\times30+2\times60=922.5\text{（元）}$$

2009 年的名义 GDP 为：

$$1.68\times30+8.35\times60+7.2\times50+5.5\times35+2.5\times70=1278.9\text{（元）。}$$

（2）以 2008 年为基期，2009 年的实际 GDP 为：

1. 5×30+7. 5×60+6×50+5×35+2×70＝1110（元）。

五、问答题

1. 答：第一项、第二项是没有经过市场的活动，其中第二项唱片的价值已计入当年的国内生产总值或国民生产总值；第三项、第四项不是当年生产的产品，它们的价值已计入以前的国内生产总值或国民生产总值；第五项不是生产性的投入，社会没有生产出相应的产品。因此，上述项目都不应该计入当年的国内生产总值或国民生产总值。

2. 答：这家日本人建立的汽车厂的全部收入都构成了美国国内生产总值的一部分，但其中美国人取得的工资、利息、租金才构成美国国民生产总值的一部分。对美国国内生产总值和国民生产总值的贡献的差异是日本人取得的工资、利息和利润。

3. 答：该理发师在这一天里对国内生产总值的贡献是400美元，对国内生产净值的贡献是350美元（400−50），对国民收入的贡献是320美元（350−30），对个人收入的贡献是220美元（320−100），对个人可支配收入的贡献是150美元（220−70）。

4. 答：GDP会增加。GDP衡量的是一国在一定时期内生产的全部最终产品和劳务的市场价值总和，下岗工人没有创造任何商品和劳务，这些人原来领取的补助金属于政府的转移支付，按支出法计算GDP不应该把政府的转移支付计入GDP；而现在下岗工人重新就业，创造了商品和劳务，领取的工资要作为要素收入计入GDP。

5. 答：GDP是用货币来计算的，一国GDP的变动往往由两个因素决定：一是所生产的商品和劳务的实际产量的变动；二是商品和劳务的价格变化。为了弄清GDP变动究竟是由产量变动还是由价格变动引进的，必须区分名义GDP和实际GDP。名义GDP是按当年价格计算的国内生产总值，实际GDP是按不变价格计算的国内生产总值。如果计算各年的GDP时按同一年的价格即不变价格计算，就排除了价格变化对衡量总产出的干扰，从而使实际GDP真实地反映实际产出的变化，也使不同年份总产出比较的准确性大为提高。

6. 答：国内生总值的核算方法包括增值法、收入法和支出法。

增值法也称为生产法，是指从生产的角度出发，用一个国家在一定时期内所生产的所有产出和劳务的价值总和减去生产过程中所使用的中间产品的价值总和，获得GDP指标。用这种方法统计出来的价值总和反映的是一个国家在这一时期所有新创造的价值。

收入法是指由于所有产出都是通过货币计量的，并构成各生产单位所雇用的各种生产要素所有者的收入，因此可以从要素收入角度来对GDP进行计量。一般来讲，按收入法计量GDP时，GDP包括工资、利息、租金和利润。

支出法是指因为所有产出和劳务都是提供给市场的，市场上的需求者购买这些产出和服务时就会有支出，因此可以从总支出的角度来测算GDP。按这个角度计算的GDP包括消费支出、投资支出、政府对产品和服务的购买及产品和劳务的净出口。

第 10 章　国民收入决定理论

一、单项选择题

1. 下面不构成总需求的是(　　)。

A. 政府支出　　B. 投资

C. 净出口　　D. 税收

2. 总需求等于消费、投资、政府支出和(　　)。

A. 加上进口减去出口　　B. 加上净出口

C. 减去净出口　　D. 加上出口和进口

3. 总需求曲线是一条(　　)。

A. 向右下方倾斜的曲线　　B. 向右上方倾斜的曲线

C. 水平线　　D. 垂线

4. 总需求曲线表明，随着物价水平的下降(　　)。

A. 实际 GDP 增加　　B. 实际 GDP 减少

C. 名义 GDP 增加　　D. 名义 GDP 减少

5. 下列（　　）会引起总需求曲线向左平移动。

A. 消费增加　　B. 物价水平上升

C. 物价水平下降　　D. 投资减少

6. 边际消费倾向与边际储蓄倾向之和(　　)。

A. 大于 1　　B. 等于 1

C. 小于 1　　D. 不好说

7. 引致消费取决于(　　)。

A. 自发消费　　B. 边际储蓄倾向

C. 收入和边际消费倾向　　D. 平均消费倾向

8. 根据储蓄函数，引起储蓄增加的因素是(　　)。

A. 收入增加　　B. 人们预期未来的价格水平要上升

C. 利息率提高　　D. 以上都不对

9. 如果投资持续下降 100 亿元，边际消费倾向为 0.75，那么收入水平将(　　)。

A. 下降 400 亿元并保持在这一水平

B. 下降 400 亿元，但又逐渐回复到原有水平

C. 下降 130 亿元左右并保持在这一水平

D. 下降 100 亿元，最后回到原有水平

10. 乘数等于(　　)。
A. 收入变化除以投资变化　　B. 投资变化除以收入变化
C. 边际消费倾向的倒数　　D. （1−*MPS*）的倒数

11. 最小和最大的乘数值分别是(　　)。
A. −∞ 和+∞　　B. 0 和+∞
C. 1 和+∞　　D. $0<K<\infty$

12. *IS*—*LM* 模型中，均衡国民收入的决定不仅以储蓄等于投资为条件，还以(　　)为条件。
A. 货币供给等于货币需求　　B. 总供给等于总需求
C. 消费等于储蓄　　D. 投资最大化

13. 假定某国经济目前的均衡收入为 5 500 亿元，如果政府要把收入提高到 6 000 亿元，在边际消费倾向等于 0.9 的条件下，应增加政府购买支出(　　)。
A. 500 亿元　　B. 50 亿元
C. 10 亿元　　D. 30 亿元

14. 下列(　　)是影响货币需求的因素。
A. 金融资产的价格　　B. 收入
C. 利率　　D. 以上各项均有影响

15. 如果利率上升，货币需求将(　　)。
A. 不变　　B. 受影响，但不可能说出是上升还是下降
C. 下降　　D. 上升

16. 根据货币的交易需求，以下(　　)将产生货币的需求。
A. 为了购买股票、债券　　B. 为了应付通货膨胀的发生的可能性
C. 为了预防生病需求的开支　　D. 为了日常消费的便利

17. (　　)，*LM* 曲线向右移动。
A. 名义利率下降　　B. 总产量增加
C. 货币需求增加　　D. 货币供给增加

18. 利率和收入的组合点出现在 *IS* 曲线右上方，*LM* 曲线的左上方的区域中，则表示(　　)。
A. 投资小于储蓄，且货币需求小于货币供给
B. 投资小于储蓄，且货币供给小于货币需求
C. 投资大于储蓄，且货币需求小于货币供给
D. 投资大于储蓄，且货币需求大于货币供给

19. 假定经济实现了充分就业，总需求曲线向右移动会增加(　　)。
A. 实际工资、就业量和实际产出　　B. 名义工资、就业量和实际产出
C. 劳动生产率和实际产出　　D. 劳动力需求、就业量和实际工资

20. 总供给曲线右移可能是因为(　　)。
A. 其他情况不变而厂商对劳动需求增加

B. 其他情况不变而所得税增加

C. 其他情况不变而原材料涨价

D. 其他情况不变而劳动生产率下降

21. 在总需求—总供给模型中，总需求增加会引起(　　)。

A. 均衡的国内生产总值增加，价格水平上升

B. 均衡的国内生产总值增加，价格水平不变

C. 均衡的国内生产总值减少，价格水平上升

D. 均衡的国内生产总值不变，价格水平下降

22. 总需求曲线(　　)。

A. 当其他条件不变时，政府支出减少时会右移

B. 当其他条件不变时，价格水平上升会左移

C. 当其他条件不变时，税收减少会左移

D. 当其他条件不变时，名义货币供给增加会右移

23. 经济实现充分就业时，(　　)。

A. 总需求曲线水平　　B. 总供给曲线趋于垂直

C. 总供给曲线水平　　D. 总需求曲线垂直

24. 凯恩斯理论认为，在非充分就业状态，增加劳动需求将使(　　)。

A. 实际工资上升　　B. 名义工资上升

C. 名义工资下降　　D. 实际工资不变

二、判断题

1. 投资是自发投资与引起投资之和。(　　)

2. 如果边际消费倾向为 0.75，那么投资乘数为 4。(　　)

3. 乘数的大小取决于平均消费倾向的大小。(　　)

4. 投资乘数只具有正作用。(　　)

5. *AD-AS* 曲线体现的是总产出水平和总价格水平的决定问题。(　　)

6. 均衡的国内生产总值就是充分就业的国内生产总值。(　　)

7. 均衡的国内生产总值大于充分就业的国内生产总值时，经济中存在通货膨胀压力。(　　)

8. 没有收入时，消费为 0。(　　)

9. 消费和储蓄额都随着收入的增加而增加。(　　)

10. 投机动机的货币需求与利率反方向变动。(　　)

11. *IS* 曲线上的任何一点都表示投资等于储蓄。(　　)

12. 根据 *IS-LM* 模型，货币量的增加会引起国内生产总值的增加，利率下降。(　　)

13. 在总需求不变时，短期总供给的增加会使国民收入增加，价格水平下降。(　　)

14. 当价格水平发生变化时，*IS* 曲线和 *LM* 曲线的位置相应移动。(　　)

15. 名义货币供给不变时，价格水平的变动将引起总需求的变化。(　　)

16. 当采用扩张性的经济政策时，对应每一价格水平的总需求水平都有提高。（　　）

17. 垂直的总供给曲线意味着长期而言经济能够达到充分就业状态。（　　）

三、计算题

1. 在一个经济中，消费需求为 8 000 亿元，投资需求为 1 800 亿元，出口为 1 000 亿元，进口为 800 亿元，试计算在经济中的总需求。

2. 已知一个国家的储蓄函数为 $S=-60+0.2Y$，计划投资 I=100。试求：

（1）相应的消费函数；

（2）均衡的国民收入和消费量；

（3）投资乘数；

（4）平均消费倾向；

（5）边际储蓄倾向。

3. 社会原收入水平为 1 000 亿元，消费为 800 亿元。当收入增加至 1 200 亿元，消费增加至 900 亿元时，试根据以上数据计算：平均消费倾向、平均储蓄倾向、边际消费倾向、边际储蓄倾向。当自发总支出增加 50 亿元时，国内生产总值会增加多少？如果自发总支出减少 40 亿元，国内生产总值会减少多少？

4. 若货币交易需求为 $L_1=0.2Y$，货币投机性需求为 $L_2=2000-500r$。

（1）试写出货币需求函数。

（2）当利率 $r=6\%$，收入 $Y=10\ 000$ 亿元时，货币需求量为多少？

（3）若货币供给 $M_S=2\ 500$ 亿元，收入 $Y=6\ 000$ 亿元时，可满足投机性需求的货币是多少？

（4）当收入 $Y=10\ 000$ 亿元，货币供给 $M_S=2\ 500$ 亿元时，货币市场均衡时的利率是多少？

5. 已知：总供给函数 $A_S=2\ 300+400P$，总需求函数 $A_D=2\ 000+\dfrac{4\ 500}{P}$。试求均衡的收入和均衡价格。

四、问答题

1. 什么是乘数原理？乘数原理发挥作用的假设前提是什么？

2. 货币需求动机包括哪几个方面？它对货币需求具有何种影响？

3. 试说明总需求曲线基本概念及总需求曲线向右下方倾斜的原因。

4. 根据凯恩斯的观点，均衡利率是如何决定的？

5. 简单的凯恩斯模型、*IS-LM* 模型、*AD-AS* 模型有何内在联系？

6. 在简单的凯恩斯模型中，总需求曲线向上倾斜，而在 *AS-AD* 模型中，总需求曲线向右下方倾斜，这是否矛盾？

7. 2007—2008 年国际石油价格上涨对世界经济产生了重大的影响，试用 *AS-AD* 模型解释其影响机制，并说明影响产生的实际过程。

第 10 章习题参考答案

一、单项选择题

1. D　2. B　3. A　4. A　5. D　6. B　7. C　8. A　9. B　10. D
11. C　12. A　13. B　14. D　15. C　16. D　17. C　18. A　19. B　20. A
21. A　22. D　23. B　24. D

二、判断题

1. ✓　2. ✓　3. ✕　4. ✕　5. ✓　6. ✕　7. ✓　8. ✕　9. ✓
10. ✓　11. ✓　12. ✓　13. ✓　14. ✕　15. ✓　16. ✓　17. ✓

三、计算题

1. 答：总需求是指一个经济中对物品与劳务的需求总量，包括消费需求、投资需求、政府需求与国外的需求。根据定义，$C=8\ 000$ 亿元，$I=1\ 800$ 亿元，$NX=1\ 000-800=200$ 亿元，因此：

$$Y=C+I+NX=8\ 000+1\ 800+200=10\ 000\ （亿元）。$$

2. 答：(1) 居民取得的所有收入消费后剩余部分都用做储蓄，即 $C+S=Y$。代入储蓄函数 $S=-60+0.2Y$，可得消费函数 $C=60+0.8Y$。

(2) 两部门均衡条件 $I=S$，代入有关参数可得 $-60+0.2Y=100$，求解得到均衡的国民收入 $Y=800$，代入消费函数可得均衡的消费量 $C=60+0.8Y=60+0.8\times800=700$。

(3) 投资乘数公式为 $K=\frac{1}{MPS}$，边际储蓄倾向 $MPS=0.2$，代入公式得投资乘数 $K=\frac{1}{0.2}=5$。

(4) 根据消费函数可得平均消费倾向 $APC=\frac{C}{Y}=\frac{60+0.8Y}{Y}=0.8+\frac{60}{Y}$。

(5) 根据储蓄函数可得，边际储蓄倾向 $MPS=0.2$。

3. 答：(1) 平均消费倾向 $APC=\frac{C}{Y}=\frac{800}{1\ 000}=0.8$。

(2) 平均储蓄倾向 $APS=\frac{S}{Y}=\frac{1\ 000-800}{1\ 000}=0.2$。

(3) 边际消费倾向 $MPC=\frac{\Delta C}{\Delta Y}=\frac{900-800}{1\ 200-1\ 000}=0.5$。

(4) 边际储蓄倾向 $MPS=1-MPC=1-0.5=0.5$。

(5) 边际消费倾向 $MPC=0.5$，根据乘数的计算公式：$K=\frac{1}{1-MPC}=2$。因此当自发总支出增加 50 亿元时，国内生产总值增加 100 亿元。当自发总支出减少 40 亿元时，国内生产总值会减少 80 亿元。

4. 答：（1） $L=L_1+L_2=2\ 000+0.2Y-500r$。

（2） $M_d=L=2\ 000+0.2\times10\ 000-500\times6=1\ 000$。

（3） $M_S=2\ 500=M_d=L_1+L_2=0.2\times6\ 000+L_2$，$L_2=1\ 300$。

（4） $M_S=2\ 500=M_d=L=2\ 000+0.2\times10\ 000-500r$，$r=3$，均衡利率为 3%。

5. 答：均衡收入和均衡价格分别是：$A_D=A_S$　$2\ 300+400P=2\ 000+4500/P$

$P=3$，$Y=3500$。

四、问答题

1. 答：（1） 乘数原理是指自发总支出的增加所引起的国民收入增加的倍数。如果自发总支出中投资的增加，则乘数是投资乘数；如果是自发总支出中政府支出的增加，则乘数是政府支出乘数等。乘数原理说明了各种支出变动对国民收入变动的影响。因为国民经济各部门之间的相互联系，所以，对某一部门的需求（支出）的增加，不仅会使该部门的生产和收入相应增加，而且还会引起其他部门的生产、收入和支出的增加，从而使国民收入增加量数倍于最初增加的支出。

（2） 乘数原理发挥作用的假设前提主要有以下四点：

①社会中存在闲置资源。如果没有过剩生产能力，没有闲置资源，则投资增加及由此造成的消费支出增加，并不会引起生产增加，只会刺激物价水平上升。

②投资和储蓄的决定相互独立。要假定它们相互独立，否则，乘数作用要小得多，因为增加投资所引起的对货币资金需求的增加会使利率上升，而利率上升会鼓励储蓄，削弱消费，从而会部分抵消由于投资增加引起收入增加进而使消费增加的趋势。

③货币供应量的增加适应支出增加的需要。假使货币供给受到限制，则投资和消费支出增加时，货币需求的增加就得不到货币供给相应增加的支持，利率会上升，不但会抑制消费，还抑制投资，使总需求降低。

④增加的收入不能用于购买进口货物，否则 GDP 增加会受到限制。

2. 答：（1） 货币需求是指人们在不同条件下出于各种考虑对持有货币的需求。货币需求的动机可以分成三种：交易动机、预防动机和投机动机。该理论由英国著名经济学家凯恩斯于 1936 年在《就业、利息和货币通论》中提出。

（2） 交易动机是为了日常交易而产生的持有货币的愿望，预防动机是为了应付紧急情况而产生的持有货币的愿望，而投机动机是人们根据对市场利率变化的预测，持有货币以便从中获利的动机。满足交易动机和预防动机的货币需求数量取决于国民收入水平的高低，并且是收入的增函数。假定以 L_1 表示满足交易动机和预防动机的货币需求，Y 表示国民收入，则 $L_1=L_1(Y)$。投机动机的货币需求与市场利率负相关，假定以 L_2 表示投机动机的货币需求，i 表示市场利率，则 $L_2=L_2(i)$。总之，以 L 表示流动性偏好，即货币需求函数，则 $L=L_1(Y)+L_2(i)$。很显然，当交易动机、预防动机和投机动机强烈时，人们对持有货币的需求就会增加。

3. 答：（1） 总需求是指整个经济社会在每一个价格水平下对产品和劳务的需求总量，

总需求是由消费需求、投资需求、政府支出和国外需求构成。总需求函数表示产品市场和货币市场同时达到均衡时的价格水平与国民收入之间的依存关系，描述这一函数的曲线称为总需求曲线。

（2）总需求曲线向右下方倾斜，原因是：价格水平上升时，会同时打破产品市场和货币市场的均衡。在货币市场上，价格水平上升导致实际货币供给下降，从而引起利率上升，国民收入水平下降。在产品市场上，一方面，由于利率上升造成投资需求下降；另一方面，价格水平上升还导致人们财富和劳动工资实际收入水平下降，从而使人们的消费需求下降，本国出口产品相对价格提高也会使本国出口减少，进口增加。这两方面都会使得总需求减少，于是总需求与价格反方向变化，总需求曲线也向右下方倾斜。当其他因素不变时，仅仅价格变动，则国民收入沿着总需求曲线变动；当价格不变，其他因素如投资、消费、政府支出等变动时，需求曲线会发生平移。

4. 答：根据凯恩斯的观点，利率是由货币的供给量和对货币的需求量所决定的。货币的需求包括交易需求、预防需求和投机需求。其中交易需求和预防需求都是收入的增函数，投机需求是利率的减函数。货币需求函数表现为一条从左上向右下倾斜的曲线；货币的供给一般由国家加以控制，可以视为外生变量，对应的函数曲线是一条垂线。在货币需求曲线与供给曲线相交之点，货币供给等于货币需求，货币市场实现均衡，此时的利率水平即为均衡的利率水平。

5. 答：简单的凯恩斯模型假设价格不变，利率不变，用乘数理论刻画政策效应。该模型对总产出决定和政策效应的分析实际上是总需求分析。*IS-LM* 模型坚持价格不变的假设，重点引入货币因素从而利率变动对宏观经济的影响。该模型在利率可变情况下分析总产出的决定。对财政政策效应的分析既保留了乘数效应，又加入挤出效应。该模型也分析了货币政策效应。但是，该模型仍然属于总需求分析。*AD-AS* 模型放弃了价格不变的假设。加入了劳动市场从而总供给对宏观经济的影响。该模型在价格可变的情况下，分析了总产出和价格水平的决定。不仅分析了需求管理政策的产出效应，而且分析了它的价格效应；不仅分析了总需求，而且分析了总供给。

6. 答：不矛盾。原因在于两个模型所依据的假设不同，两条曲线的变量不同、坐标系不同。在简单的凯恩斯模型中，假设价格水平不变，总需求曲线随产出增加而向上倾斜。如果自发性支出增加，则总需求曲线向上移动。在 *AS-AD* 模型中，假设自发性支出不变，则总需求随着价格水平的下降而增加，所以总需求曲线向右下方倾斜。如果自发性支出增加，总需求曲线向右移动。

7. 答：（1）在 *AD-AS* 模型中，石油等原材料的价格变化，会对经济中供给带来影响，称为供给冲击。不利的供给冲击例如原材料价格上涨会对经济产生短期、中期、长期的影响，下面通过图来说明石油涨价对经济的影响机制。如图 10-1 所示，假设经济原来处于充分就业状态，均衡点为 E_0。

短期效应。石油涨价，对厂商而言，原材料价格的提高意味着生产成本的上升，则总供给曲线由 AS_0 曲线上移到 AS_1 曲线，与 AD_0 曲线交于 E_1 点，物价水平提高，社会总产量下降，同时由于在本期内名义工资不变，导致实际工资下降。

中期效应。本期结束后，在劳动力市场上，由于 Y_1 小于 Y_0，导致对劳动力的需求小

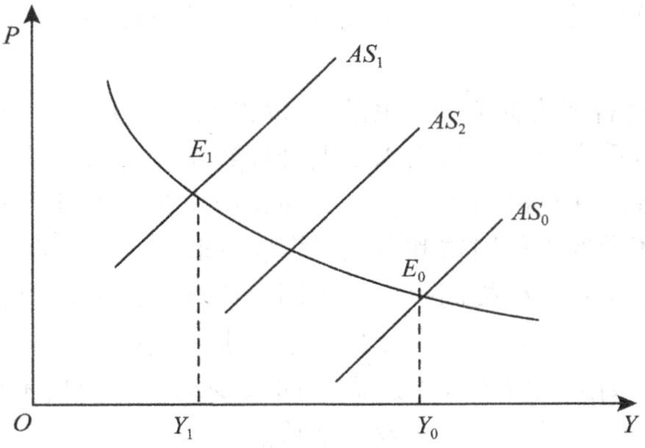

图 10-1

于充分就业量，名义工资下降，物价随之下降，AS_1 曲线向右移动到 AS_2 曲线。而且只要存在 Y 对 Y_0 的偏离，就会导致 AS_1 缓慢向右下方移动下去，直到点 E_0。

长期效应。经济在点 E_0 处实现长期均衡，对应 AS_0 曲线。此时经济在经历了长时间的通货紧缩后，回到了最初的价格水平，但名义工资下降，进而导致实际工资水平的下降。

（2）国际油价上涨的短期效应已经开始显现。首先，油价上涨对交通运输行业产生直接影响。油价上涨直接导致成品油价上涨，而成品油支出是运输行业成本的主要组成部分。其次，油价上涨对化工、纺织、塑料加工等行业影响也很大。石油价格上涨导致化工产品成本上升，并引起各类化工产品出厂价格大幅度上涨。化工产品的上涨使纺织、塑料加工等行业的成本大幅度上升，必然使这些行业利润减少，部分企业甚至出现亏损。一些企业还因此而停工减产。石油价格上涨还带动天然气、煤炭等能源价格的上涨。而这些能源价格的上涨对国民经济各领域的影响不亚于石油价格上涨所带来的直接影响。成本推动的通货膨胀将影响这些行业的进一步的投资和发展，从而对经济发展、就业、消费产生不利影响。

第 11 章　失业与通货膨胀理论

一、单项选择题

1. 失业率是指(　　)。
   A. 失业人口与全部人口之比
   B. 失业人口与全部就业人口之比
   C. 失业人口与全部劳动人口之比
   D. 失业人口占就业人口与失业人口之和的百分比
2. 由于经济衰退而形成的失业属于(　　)。
   A. 摩擦性失业　　B. 结构性失业
   C. 周期性失业　　D. 自然失业
3. 奥肯定理说明了(　　)。
   A. 失业率和实际国民生产总值之间高度负相关的关系
   B. 失业率和实际国民生产总值之间高度正相关的关系
   C. 失业率和物价水平之间高度负相关的关系
   D. 失业率和物价水平之间高度正相关的关系
4. 如果某人由于钢铁行业不景气而失业，属于(　　)。
   A. 摩擦性失业　　B. 结构性失业
   C. 周期性失业　　D. 永久性失业
5. 下列关于自然失业率的说法正确的是(　　)。
   A. 自然失业率是经济周期自然产生的失业
   B. 自然失业率包含摩擦性失业
   C. 自然失业率是历史上最低限度水平的失业
   D. 自然失业率与一国的经济效率关系密切
6. 当大学生完成学业开始找工作时，在他们找到工作之前的这段短期失业阶段被称为(　　)。
   A. 摩擦性失业　　B. 自愿性失业
   C. 结构性失业　　D. 周期性失业
7. 消费者价格指数与生产者价格指数不同是因为它们(　　)。
   A. 使用不同的商品组合　　B. 使用不同的价格测量方法
   C. 是由不同的政府机构计算的　　D. 使用不同的基年价格指数值
8. 通货膨胀是(　　)。

A. 一般物价水平普遍、持续的上涨
B. 货币发行量超过流通中的黄金量
C. 货币发行量超过流通中的商品的价值量
D. 以上都不是

9. 需求拉动的通货膨胀(　　)。
A. 通常用于描述某种供给因素所引起的价格波动
B. 通常用于描述某种总需求的增长所引起的价格波动
C. 表示经济制度已调整过的预期通货膨胀率
D. 以上均不是

10. 在下列引起通货膨胀的原因中，(　　) 最可能是成本推进的通货膨胀的原因。
A. 银行贷款的扩张　　B. 预算赤字
C. 世界性商品价格的上涨　　D. 投资增加

11. 面对通货膨胀，消费者的合理行为应该是(　　)。
A. 保持原有的消费、储蓄比例
B. 减少消费，扩大储蓄比例
C. 增加消费，减少储蓄比例
D. 只购买生活必需品，不再购买耐用消费品

12. 菲利普斯曲线说明(　　)。
A. 通货膨胀导致失业
B. 通货膨胀是由行业工会引起的
C. 通货膨胀率与失业率之间呈负相关
D. 通货膨胀率与失业率之间呈正相关

13. 长期菲利普斯曲线表明(　　)。
A. 通货膨胀和失业之间长期不存在相互替代关系
B. 在预期通货膨胀很高的情况下通货膨胀与失业之间仍有替代关系
C. 传统菲利普斯曲线在长期仍然有效
D. 对通货膨胀的预期不变，所以通货膨胀与失业不存在相互替代关系

14. “理性预期”是指(　　)。
A. 智力超群者的预期
B. 经济学家的预期
C. 在现有信息下对经济变量作的符合经济模型推断的预期
D. 由过去信息的加权平均后的预期

15. 根据菲利普斯曲线，降低通货膨胀率的办法是(　　)。
A. 减少货币供给量　　B. 降低失业率
C. 增加工资　　D. 提高失业率

二、多项选择题

1. 按失业产生的原因，可以将失业分为(　　)。

A. 摩擦性失业　　B. 结构性失业
C. 周期性失业　　D. 自愿性失业

2. 以下对“滞胀”的不正确表达是(　　)。
A. 产出和物价水平同时上涨
B. 产出和物价水平同时下降
C. 物价水平上涨，但产出和就业下降
D. 物价水平下降，但产出和就业上升

3. 经济处于自然失业率水平表示(　　)。
A. 进入和退出劳动市场的劳动力数量处于均衡
B. 实际 GDP 等于潜在 GDP
C. 经济实现了充分就业
D. 存在摩擦性失业和结构性失业

4. 结构性通货膨胀的原因是(　　)。
A. 各经济部门生产率提高的快慢不同
B. 生产率提高慢的部门要求工资增长向生产率提高快的部门看齐
C. 生产率提高快的部门要求工资增长向生产率提高慢的部门看齐
D. 全社会工资增长速度超过生产率增长速度

5. 通货膨胀的再分配效应表现在(　　)。
A. 通货膨胀不利于名义收入固定者，有利于持有浮动收益债券者
B. 通货膨胀不利于储蓄者，有利于持有实物资产者
C. 通货膨胀不利于公众，有利于政府
D. 通货膨胀不利于债务人，有利于债权人

6. 在下列失业类型中，属于自然失业的是(　　)。
A. 摩擦性失业　　B. 自愿性失业
C. 结构性失业　　D. 隐蔽性失业

7. 物价指数主要是指(　　)。
A. 消费物价指数　　B. 效用指数
C. 批发物价指数　　D. 国民生产总值折算数

8. 失业对经济的影响主要反映为(　　)。
A. 浪费劳动力资源　　B. 减少国内生产总值
C. 影响社会安定团结　　D. 影响社会福利

9. 菲利普斯曲线的特征有(　　)。
A. 菲利普斯曲线斜率为负
B. 菲利普斯曲线是一条直线
C. 菲利普斯曲线与横轴相交的失业率为正值
D. 菲利普斯曲线不是一条直线

10. 下列因素中，可能造成需求拉动通货膨胀的有(　　)。
A. 过度扩张性的财政政策　　B. 过度扩张性的货币政策

C. 消费习惯突然的改变　　　　D. 劳动生产率的突然降低

三、判断题

1. 通货膨胀意味着不同商品的价格按相同的比例上升。（　　）
2. 名义国内生产总值增长率等于实际国内生产总值增长率减通货膨胀率。（　　）
3. 用消费者物价指数、生产者物价指数和国内生产总值折算指数来说明物价水平时，其数值是相同的。（　　）
4. 工资上涨会导致消费增加，故工资推导型通货膨胀可以看做是一种成本推动型通货膨胀。（　　）
5. 发生通货膨胀时，人们更愿意把钱借给朋友（不收利息）。（　　）
6. 如果经济中实际通货膨胀低于预期通货膨胀率，那么，债务人受损，债权人受益。（　　）
7. 爬行的通货膨胀的特点是通货膨胀率低而且比较稳定，恶性的通货膨胀的特点是通货膨胀率非常高，而且完全失去了控制。（　　）
8. 凡满足一定年龄范围（如16~65岁）的人都是劳动力。（　　）
9. 摩擦性失业和结构性失业不能严格区分开来。（　　）
10. 某人从学校毕业第一次寻找工作，在未找到工作之前，他属于摩擦性失业。（　　）
11. 奥肯定律描述了失业与通货膨胀之间的交替关系。（　　）
12. 菲利普斯曲线所表明的失业率与通货膨胀率的关系总是正确的。（　　）

四、问答题

1. 什么是自然失业率？哪些因素影响自然失业率的高低？
2. 失业会给社会和个人带来什么损失？
3. 哪些失业是可能消除的，哪些失业是无法消除的，为什么？
4. 高价格和通货膨胀的区别是什么？
5. 经济学家认为通货膨胀可能会产生哪些成本？
6. 货币主义学派是怎样解释菲利浦斯曲线的？
7. 通货膨胀的成因有哪些？

第11章习题参考答案

一、单项选择题

1. D	2. C	3. A	4. B	5. B	6. A	7. A	8. A
9. B	10. C	11. C	12. C	13. A	14. C	15. D	

二、多项选择题

1. ABCD　2. ABD　3. ABCD　4. ABD　5. ABC　6. AB　7. ACD
8. ABC　9. ACD　10. ABC

三、判断题

1. ×　2. ×　3. ×　4. ✓　5. ×　6✓　7. ✓　8. ×　9. ✓
10. ✓　11. ×　12. ×

四、问答题

1. 答：一般来讲，自然失业率是指经济中只存在摩擦性失业和结构性失业时的失业率。当实际失业率等于自然失业率时，就是实现了充分就业。因此，自然失业率又称为充分就业时的失业率。自然失业率的高低主要受失业持续的时间和失业频率的影响。失业持续的时间取决于经济周期及劳动力市场的结构，从劳动力市场结构看，劳动力市场组织、失业人口构成、失业者就业的意愿和能力以及失业救济金制度等，都影响失业持续的时间。失业频率是指劳动力在一定时期内变为失业者的平均次数。一般来讲，企业对劳动力需求变化越大，失业频率越高，新劳动力增长速度越快，失业频率也越高。总之，失业持续的时间越长，失业频率越高，自然失业率就越高。

2. 答：失业会给个人带来损失，对个人来讲，如果是自愿失业，则会给他带来闲暇的享受。但如果是非自愿失业，则会使他的收入减少，从而生活水平下降。对社会来说，失业增加了社会福利支出，造成财政困难。同时，失业率过高会影响社会的安定，带来其他社会问题。从整个经济看，失业在经济上的最大损失就是国民收入的减少。奥肯定律正是说明了失业率与实际国民收入率之间的关系。奥肯定律表明，在没有实现充分就业的情况下，失业率每增加 1%，则实际国民收入减少约 2%；反之，失业率每减少 1%，则实际国民收入增加约 2%。

3. 答：在摩擦性失业、结构性失业和周期性失业三种类型中，周期性失业是可能消除的，摩擦性失业和结构性失业是无法消除的。周期性失业是经济处于衰退时期，由于有效需求不足导致的工作岗位减少而产生的失业，是一种普遍性的各行业同时发生的失业现象。政府如果采取扩张性财政政策和货币政策，拉动总需求，增加产出，这种失业现象会减少或消失。摩擦性失业和结构性失业是在经济周期的任何阶段都会发生的失业现象。摩擦性失业是劳动力市场中由于劳动者主动转换工作造成的，与劳动者个人因素和工作岗位的变化有关，比如劳动者的收入期望、个人偏好、居住地点和技能等的变化，以及工作岗位的性质要求变化等，都可能使一些人产生重新找工作的愿望。由于信息不完全，寻找新工作需要一个时间过程，这一过程中的劳动者处于失业状态。这是经济生活中的正常现象，不可避免。结构性失业是由于技术进步和社会需求的变化，使得一些行业逐渐趋于萎缩，劳动需求减少所致。从衰落行业出来的劳动者一时不能掌握新兴行业岗位所需的技能，在学习新技能和寻找适合的岗位过程中，产生了结构性失业。社会技术进步和需求变化不可避免，因此，这种原因造成的结构性失业也是不可避免的。

4. 答：把一定时期各种商品的价格与商品交易量相乘后相加，可以得到某一时期的价格总额。选择一个时期为基期，购买同等量商品的本期价格总额除以基期价格总额就得到本期的一个价格指数，这个价格指数反映了本期经济的物价总水平或一般物价水平。因此，一般物价水平的高低是衡量一定数量的商品购买所需支付的货币数量的多少；或一定数量的货币所能购买的商品和劳务的数量的多少的指标。通货膨胀是价格水平的增长率，它衡量的是从一个时期到另一个时期一般价格水平变动的百分比。因而，通货膨胀率的高低是反映价格水平变动幅度大小的指标。

5. 答：通货膨胀是指经济中的物价总水平或一般物价水平在一定时期内持续、显著的上升过程。通货膨胀会产生许多社会成本，主要有以下几个方面：

（1）通货膨胀会降低固定收入阶层的实际收入水平。对于固定收入阶层来说，其收入是固定的货币数额，落后于上升的物价水平，其实际收入因通货膨胀而变少。

（2）即使就业工人的货币工资能够与物价同比例增长，在累进所得税下，货币收入增加使人们进入更高的纳税等级，税率的上升也会使工人的部分收入丧失，实际收入也会减少。

（3）通货膨胀对储蓄者不利。随着价格上涨，存款的实际价值或购买力就会降低。

（4）通货膨胀还可以在债务人和债权人之间发挥收入再分配的作用。具体地说，通货膨胀靠牺牲债权人的利益而使债务人获利。

（5）如果通货膨胀产生的原因是成本推进的，这会使得产出和就业下降。因为发生成本推进的通货膨胀时，原来的总需求所能购买的实际产品的数量将会减少。所以实际产出将下降，失业会上升。

（6）极度的通货膨胀会导致经济崩溃。

6. 答：货币主义学派在解释菲利普斯曲线时引入了预期的因素。他们认为，人们会根据过去的经验来形成并调整对未来的预期，这种预期被称为适应性预期。货币主义学派根据适应性预期，把菲利普斯曲线分为短期菲利普斯曲线和长期菲利普斯曲线。

在短期中，当失业率较高时，政府采取扩张的财政政策和货币政策，引起通货膨胀率上升达到减少失业的目的。这时，工人来不及调整通货膨胀的预期，预期的通货膨胀率可能低于实际发生的通货膨胀率。这样，工人所得到的实际工资可能小于先前预期的实际工资，从而实际利润增加，刺激了投资，就业增加，失业率下降。在这个前提下，通货膨胀率与失业率之间存在交替的关系，宏观经济政策在短期内被证明是有效的。

在长期中，工人会根据实际发生的情况不断调整自己的预期，工人预期的通货膨胀与实际发生的通货膨胀率一致。这时，工人会要求增加名义工资，通货膨胀率会提高，从而通过引起通货膨胀减少失业的目的就不会达成。即，在长期中，失业率与通货膨胀率之间并不存在交替关系。人们会根据实际发生的情况不断调整自己的预期，因此，短期的菲利普斯曲线将不断移动，从而形成一条垂直于横轴的长期菲利普通曲线。

7. 答：（1）需求拉动的通货膨胀。是指因总需求的过度增长而引起的通货膨胀。当经济社会接近充分就业的国民收入水平时，总需求的继续增长对最终产品产生过度的需求，物品、劳务的价格趋于上升。同时，对最终产品需求的增加又导致对生产要素需求的增加，生产要素的价格也趋于上升。最终产品和生产要素价格的上升带来了通货膨胀。因此，这种通货膨胀的原因在于需求一方。

（2）成本推动的通货膨胀。是指因成本上升而引起的通货膨胀，成本推动的通货膨胀因其产生原因又可以分为工资成本推动的通货膨胀、利润推动的通货膨胀和进口成本推动的通货膨胀三种情况。

（3）结构性通货膨胀。是指因社会资源不能在各行业中迅速流动而引起的通货膨胀。由于社会资源不能迅速地在不同行业间流动，当社会需求结构发生变化时，资源配置结构不可能迅速地进行相应调整。一些发展迅速的行业出现资源短缺，产品价格趋于上升。一些衰落的行业出现资源过剩。由于各个行业普遍存在着工资和价格上升容易下降难的情况，趋向衰落的行业的工资和价格并不下降。平均来说，社会价格水平将上升。因此，在经济结构缺乏弹性的条件下，社会资源配置的调整过程将导致通货膨胀。

第 12 章　经济增长与经济周期

一、单项选择题

1. 经济增长的标志是(　　)。

A. 失业率的下降　　B. 先进技术的广泛应用

C. 社会生产能力的不断提高　　D. 城市化速度加快

2. 资本品之所以重要，是因为(　　)。

A. 投资可以给新进入劳动力队伍的人提供机器设备使他们可以进行生产

B. 投资可以为现有工人提供更多的机器设备，从而提高他们的生产率

C. 投资可以为新技术提供装备

D. 以上都是

3. 假定资本量为 100 万元，所生产的产量为 50 万元，则资本-产量比率为(　　)。

A. 50 万/100 万=0.5　　B. 100 万/50 万=2

C. 100 万/（100 万+50 万）=0.67　　D. （100 万+50 万）/100 万=1.5

4. 根据哈罗德模型，当资本-产量比率为 4，储蓄率为 20%时，则经济增长率为(　　)。

A. 5%　　B. 80%

C. 20%　　D. 15%

5. 假如要使经济增长率从 5%提高到 8%，在储蓄率为 20%的条件下，根据哈罗德模型，资本-产量比率应该是(　　)。

A. 4　　B. 2.5

C. 6　　D. 5

6. 经济周期的中心是(　　)。

A. 价格的波动　　B. 国内生产总值的波动

C. 利率的波动　　D. 失业率的波动

7. 根据哈罗德的分析，如果有保证的增长率大于实际增长率，经济将(　　)。

A. 持续高涨　　B. 长期萧条

C. 均衡增长　　D. 不能确定

8. 9~10 年一次的经济周期被称为(　　)

A. 基钦周期　　B. 康德拉季耶夫周期

C. 库兹涅茨周期　　D. 朱格拉周期

9. 加速原理发生作用的条件是(　　)。

A. 社会上没有剩余生产能力时　　B. 国民收入或消费支出的持续增长
C. 经济活动由衰退转向扩张时　　D. 任何时候均可

10. 在经济周期的繁荣阶段(　　)。
A. 国内生产总值与经济活动高于正常水平
B. 国内生产总值与经济活动等于正常水平
C. 国内生产总值与经济活动低于正常水平
D. 投资减少，信用紧缩，价格水平下跌

11. 顶峰是(　　)。
A. 繁荣阶段过渡到萧条阶段的转折点
B. 繁荣阶段过渡到衰退阶段的转折点
C. 萧条阶段过渡到繁荣阶段的转折点
D. 萧条阶段过渡到衰退阶段的转折点

12. 根据乘数—加速原理，引起经济周期的原因是(　　)。
A. 政府支出的变动　　B. 边际消费倾向的变动
C. 人们心理预期的变动　　D. 投资的变动

13. 经济周期理论主要研究(　　)。
A. 投资对潜在的产出水平的影响
B. 投资在短期内对总需求的影响
C. 实际产出围绕潜在产出周期性的波动
D. 某段时期结构性失业的减少

14. 在熊彼得的经济周期理论中(　　)。
A. 用太阳黑子变化来解释经济周期　B. 用心理预期变化来解释经济周期
C. 用企业家创新来解释经济周期　　D. 用货币数量增减变动来解释经济周期

15. 过度投资理论把繁荣时期的暴跌归因于(　　)。
A. 过高的利率使本来就不足的投资需求进一步减少，并因此导致生产过剩
B. 过度投资导致生产过剩并由此导致普遍的供过于求
C. 在周期性扩张期间企业进行错误的投资
D. 政府对市场运行体现的干预

二、多项选择题

1. 判断一国经济处于经济周期的哪一个阶段的依据有(　　)。
A. 国内生产总值　　B. 工业生产指数
C. 就业和收入　　D. 利率水平

2. 经济增长的源泉是(　　)。
A. 资本　　B. 劳动
C. 战争　　D. 技术进步

3. 下列关于经济波动的叙述中，(　　)是不正确的。
A. 经济波动在其衰退阶段是总需求和经济活动下降的时期，表现为 GDP 值的下降

B. 乘数作用导致总产出的增加，而加速数的作用则导致总产出的减少，两者的相互作用造成经济的周期性波动

C. 如果政府不加以调控，那么经济波动会无限期地扩张与收缩

D. 在一定时期内，经济波动是围绕着长期的经济增长趋势而上下波动的

4. 哈罗德模型的基本假设前提是(　　)。

A. 生产过程只有劳动和资本两种生产要素，全社会只生产一种产品

B. 不存在技术进步，也不存在折旧

C. 资本和劳动可以相互替代

D. 生产的规模报酬不变

5. 乘数原理与加速原理的联系与区别有(　　)。

A. 前者说明了投资的变化对国民收入的影响，后者说明了国民收入的变化对投资的影响

B. 两者都强调投资变动的因素

C. 两者是相互作用，彼此加强的

D. 乘数与加速数的作用会自发引起经济的周期性波动

6. 当某一社会经济处于经济周期的衰退阶段时，(　　)。

A. 经济的生产能力超过它的消费需求

B. 总需求逐渐增长，但没有超过总供给

C. 存货的增加与需求的减少相联系

D. 总需求超过总供给

7. 关于经济周期理论研究任务的说法不正确的有(　　)。

A. 投资对潜在的产出水平的影响

B. 投资在短期内对总需求的影响

C. 实际产出围绕潜在产出周期性的波动

D. 某段时期结构性失业的减少

三、判断题

1. 某一时期大批新工人涌入劳动队伍，会提高生产率。(　　)

2. 导致经济周期波动的投资主要是存货投资。(　　)

3. 教育事业的发展在经济增长中的贡献属于生产要素供给的增长。(　　)

4. 哈罗德的分析之所以是一种动态的分析，是因为他在技术、人口、资本均可变化的时期内分析经济增长。(　　)

5. 如果 $G < G_W$，则经济会出现累积性的“扩张”。(　　)

6. 繁荣的最高点就是顶峰。(　　)

7. 如果一国用借款购买生产资本并使投资所引起的收入增长高于利率，那么，它向国外大量借款就不会引起债务负担过重。(　　)

8. 加速原理的基本含义是产量的增长率大于投资的增长率。(　　)

9. 每次经济周期并不完全相同，但它们却有共同之点，即每个周期都经历扩张与收

缩两个阶段。(　　)

10. 经济周期理论的重点是从总需求角度分析经济的短期波动，而经济增长理论的重点是从总供给的角度分析经济的长期趋势。(　　)

四、问答题

1. 经济增长的源泉是什么？
2. 经济发展与经济增长有什么不同？
3. 经济周期各个阶段的特征是什么？
4. 试举例说明什么是乘数—加速数模型？
5. 实际增长率、合意增长率和自然增长率的含义是什么？三者不相等时社会经济将出现什么状况？
6. 试简要论述熊彼特周期理论的内容。

第 12 章习题参考答案

一、单项选择题

1. C　2. A　3. B　4. A　5. B　6. B　7. B　8. D
9. A　10. A　11. B　12. D　13. C　14. C　15. B

二、多项选择题

1. ABCD　2. ABD　3. ABC　4. ABD　5. ABCD　6. AC　7. ABD

三、判断题

1. ✓　2. ✕　3. ✓　4. ✕　5. ✕　6✓　7. ✓　8. ✕　9. ✓
10. ✓

四、问答题

1. 答：导致经济增长的因素就是经济增长的源泉，主要包括生产要素的增加和技术水平的进步。生产要素由劳动和资本存量两部分组成，其中劳动的增加不只是量的增加还包括质的提高（劳动者的素质 \ 年龄等）。技术进步包括发明和应用新技术降低生产成本、增加产出。技术进步是通过使生产要素的使用更有效率而促进经济增长的。此外，一国的自然资源状况及制度变迁也会对经济增长产生较为显著的影响。

2. 答：经济增长研究的是发达国家如何实现国民生产总值的增加的问题，经济发展研究的是发展中国家如何由不发达国家向发达国家过渡的问题。经济发展包括的范围比经济增长要广，不仅有国民生产总值的增加还涉及社会制度的改良等一系列的问题。

3. 答：经济周期一般分为繁荣、衰退、萧条和复苏四个阶段。繁荣阶段，经济活动处于高水平时期，就业增加，产量扩大，社会总产出逐渐达到最高水平。衰退阶段，投资下降，失业增加，产出下降。萧条阶段，经济活动处于最低水平时期，存在大量失业，生产能力闲置。复苏阶段，经济走出萧条转向上升的阶段，走向繁荣。

4. 答：假定经济起初处于衰退期但产出开始增加，这种增加假定是由于增加200亿美元的投资而启动，若乘数为4，那么，国民收入就会增加800亿美元。由于销售增加了800亿美元，厂商需要增加资本品来提高生产能力。如果加速数为3，即销售额增加800亿美元需要增加投资2 400亿美元。增加2 400亿美元的投资，通过乘数效应，产出增加9 600亿美元，于是厂商会再增加投资28 800亿美元，这会使产出又增加115 200亿美元。这种扩张过程持续下去，直到受到资源限制，扩张减缓或停止，相反的过程即经济收缩开始，加速的衰退到一定限度又会停止，转而逐步扩张，经济便如此反复波动。

5. 答：实际增长率是实际所发生的增长率，取决于有效需求的大小，也就是一定资本产出比率下的社会实际储蓄率。

合意增长率是指在储蓄率和资本产出率为既定的条件下为使储蓄全部转化为投资所需要的产出增长率，是由储蓄率和厂商合意的资本产出比率决定的。

自然增长率是指在考虑了人口增长和技术进步影响后的经济增长率，它取决于劳动力增长率和劳动生产率的增长率。

如果这三种增长率不一致，则会引起经济中的波动。假定实际增长率小于合意增长率，这意味着没有把全部储蓄转化为投资，或者说没有充分利用经济中所具有的生产能力。生产能力的过剩又意味着现有资本存量大于在现期产量水平上厂商所希望有的资本存量。生产能力的过剩带来了国民收入水平的下降，在资本产量比率一定的条件下，国民收入的下降又导致投资的减少，使投资小于储蓄的差额继续扩大。当这个过程继续下去时，经济将发生萧条。

如果合意增长率大于自然增长率，这意味着资本存量的增长率高于劳动力和劳动生产率的增长率之和，机器设备将出现闲置。在这种情况下，厂商将减少投资以减少资本存量，因而经济将趋于停滞。相反，如果合意增长率小于自然增长率，这意味着劳动力和劳动生产率的增长率之和大于资本存量的增长率，现有的机器设备即使充分利用也不足以吸收全部劳动力。在这种情况下，厂商将增加投资以利用现有的劳动力和劳动生产率，因而经济趋于高涨。

6. 答：创新周期论是由著名经济学家熊彼特在1939年出版的《经济周期》一书中提出来的。企业家是企业的灵魂，而创新则是企业家的基本职能。创新包括：开辟新的市场，采用新生产工艺，引进新的产品，采用新的材料和新的能源，发明新的企业管理制度等。熊彼特认为，经济发展的动力来自于企业家的“创新”。企业家之所以创新，是因为看到了盈利的机会。“创新”的结果又为其他企业开辟了道路，其他企业相继“模仿”，形成“创新浪潮”。创新浪潮的出现造成厂商对银行信用和生产资料的需求膨胀，于是出现经济高涨和繁荣。但是，当“创新”普遍化以后，盈利机会消失，对信用和生产资料的需求减少，经济就不可避免地陷入衰退。如果排除影响经济活动的其他因素，经济就是由“繁荣”到“衰退”构成的周而复始的过程。

总之，无论是长周期的经济波动，还是短周期的经济波动，其根源都在于“创新”活动的周期性。

第13章　宏观经济政策

一、单项选择题

1. 扩张性的财政政策对经济有下述影响(　　)。
   A. 缓和了经济萧条，减少了政府债务　B. 缓和了经济萧条，增加了政府债务
   C. 缓和了通货膨胀，增加了政府债务　D. 缓和了通货膨胀，减少了政府债务
2. 中央银行在公开市场上买进政府债券将导致商业银行的存款(　　)。
   A. 不变　B. 增加
   C. 减少　D. 以上三种情况都可能
3. 在经济衰退时期，一般(　　)。
   A. 税收减少，政府支出减少　B. 税收减少，政府支出增加
   C. 税收增加，政府支出减少　D. 税收增加，政府支出增加
4. 货币主义者认为，衡量或调节经济的变量是(　　)。
   A. 利率水平　B. 价格水平
   C. 货币供给量　D. 失业率水平
5. 凯恩斯主义认为财政政策的主要目标是(　　)。
   A. 实现财政收支平衡
   B. 实现充分就业
   C. 尽量增加政府预算盈余
   D. 政府支出效益最大
6. 以下（　　）不是宏观经济政策的目标。
   A. 物价稳定　B. 充分就业
   C. 完全竞争　D. 经济增长
7. 不属于内在稳定器的财政政策工具是(　　)。
   A. 社会福利支出　B. 政府转移支出
   C. 政府失业救济　D. 货币供给
8. 当经济中存在失业时，所采用的货币政策工具(　　)。
   A. 在公开市场上买进有价证券　B. 提高贴现率
   C. 提高准备率　D. 在公开市场上卖出有价证券
9. 紧缩性货币政策的运用导致(　　)。
   A. 货币供给量减少，利率降低　B. 货币供给量增加，利率提高
   C. 货币供给量减少，利率提高　D. 货币供给量增加，利率降低

10. 政府为了在增加产量的同时降低利率，应采取的政策手段是(　　)。
A. 扩张性财政政策　　B. 扩张性货币政策
C. 紧缩性财政政策　　D. 紧缩性货币政策

二、多项选择题

1. 宏观经济政策要达到的目标是(　　)。
A. 充分就业　　B. 物价稳定
C. 经济增长　　D. 国际收支平衡

2. 需求管理政策包括(　　)。
A. 财政政策　　B. 货币政策
C. 收入政策　　D. 人力政策

3. 具有内在稳定起作用的财政政策主要有(　　)。
A. 转移支付　　B. 公司所得税
C. 个人所得税　　D. 政府购买

4. 在凯恩斯主义的货币政策中，中央银行能够使用的政策工具有(　　)。
A. 贴现政策　　B. 准备率政策
C. 公开市场业务　　D. 利率政策

5. 为制止通货膨胀，可以采用的货币政策有(　　)。
A. 提高贴现率　　B. 提高准备率
C. 降低贴现率　　D. 降低准备率

6. 经济萧条时，政府可以采用的财政手段有(　　)。
A. 减少所得税　　B. 增加政府支出
C. 减少政府转移支付　　D. 增加私人投资津贴

7. 要消除通货紧缩缺口，政府应该(　　)。
A. 增加公共工程支出　　B. 增加福利支出
C. 增加税收　　D. 允许预算出现赤字

8. 以下（　　）会增加财政的预算赤字。
A. 政府债务的利息增加　　B. 政府购买的物品与劳务增加
C. 政府转移支付增加　　D. 间接税增加

9. 货币政策调节宏观经济活动的手段主要包括(　　)。
A. 国家预算　　B. 公开市场业务
C. 存款准备金　　D. 再贴现政策

10. 当出现经济萧条，社会商品总供给过剩，失业过多时，政府进行宏观调控所应选择的财政政策和货币政策是(　　)。
A. 扩张性的财政政策　　B. 紧缩性的财政政策
C. 紧缩性的货币政策　　D. 扩张性的货币政策

三、判断题

1. 充分就业是指没有失业。(　　)
2. 物价稳定是指不存在通货膨胀。(　　)
3. 经济增长是指经济要快速发展，越快越好。(　　)
4. 总需求小于总供给时会产生失业。(　　)
5. 转移支付的增加可以刺激私人投资。(　　)
6. 公司所得税具有自动稳定器功能。(　　)
7. 利息率的变动会影响总需求。(　　)
8. 货币政策所起的作用要慢于财政政策。(　　)
9. 货币政策比财政政策在实践时遇到的阻力要小。(　　)
10. 货币供给量增加会使国民收入增加。(　　)

四、计算题

1. 假定法定准备金比率为 10%，银行不保留超额准备金，某居民把 40 万元存入一家银行，试求商业银行体系中最终所产生的全部存款总数。

2. 假定法定准备金比率为 10%，没有超额准备金，对现金的需求是 2 000 亿元。

(1) 假定总准备金是 500 亿元，货币供给是多少？

(2) 假定总准备金不变，若中央银行把准备金率提高到 16%，货币供给变动多少？

(3) 中央银行买进 20 亿元政府债券（准备金比率为 16%），货币供给变动是多少？

五、问答题

1. 在经济萧条时，政府应采取怎样的财政政策？
2. 在通货膨胀时，政府应采取怎样的财政政策？
3. 在经济萧条时，政府应采取怎样的货币政策？
4. 在通货膨胀时，政府应采取怎样的货币政策？
5. 什么是“自动稳定器”，它主要有哪几种？

第 13 章习题参考答案

一、单项选择题

1. B　2. B　3. B　4. A　5. B　6. C　7. D　8. A　9. C　10. B

二、多项选择题

1. ABCD　2. AB　3. ABC　4. ABC　5. AB　6. ABD　7. ABD　8. ABC
9. BCD　10. AD

三、判断题

1. ×　2. ×　3. ×　4. √　5. ×　6. √　7. √　8. √　9. √
10. √

四、计算题

1. 解：由 $\Delta M=\Delta m\,\frac{1}{R}$可知，$\Delta M=40\times\frac{1}{10\%}=400$。

答：最终所产生的全部存款总数是 400 万元。

2. 解：（1）$M=C+\frac{D}{r}=2\ 000+\frac{500}{0.1}=7\ 000$。

（2）$M=C+\frac{D}{r}=2\ 000+\frac{500}{0.16}=5\ 125$，货币供给减少 1 875 亿元。

（3）中央银行买进 10 亿元政府债券，$\Delta M=\frac{-20}{0.16}=-125$，货币供给减少 125 亿元。

五、问答题

1. 在经济萧条时，政府应采取怎样的财政政策？

答：在经济萧条时，总需求小于总供给，经济中存在失业，政府就要通过扩张性的财政政策来刺激总需求，以实现充分就业。扩张性的财政政策包括增加政府支出与减税。政府的购买增加有利于刺激私人投资，转移支付的增加可以增加个人消费，这样会扩大需求。减少个人所得税可以使个人可支配收入增加，从而消费增加；减少公司所得税可以使公司收入增加，从而投资增加，这样也会刺激总需求。

2. 在通货膨胀时，政府应采取怎样的财政政策？

答：在通货膨胀时，政府应通过紧缩性的财政政策来抑制总需求，以实现物价稳定。紧缩的财政政策包括减少政府支出与增加税收。政府购买的减少有利于抑制投资，转移支付的减少可以减少个人消费，这样就压抑了总需求。增加个人所得税，可以使个人可支配收入减少，从而消费减少；增加公司所得税，可以使公司收入减少，从而投资减少，这样就可以抑制总需求。

3. 在经济萧条时，政府应采取怎样的货币政策？

答：在经济萧条时，总需求小于总供给，为了刺激总需求，就要运用扩张性的货币政策。其中包括在公开市场上买进有价证券，降低贴现率并放松贴现条件，降低准备率，等等。这些政策可以增加货币供给量，降低利息率，刺激总需求。

4. 在通货膨胀时，政府应采取怎样的货币政策？

答：在通货膨胀时，总需求大于总供给，为了抑制总需求，就要运用紧缩性货币政策。其中包括在公开市场上卖出有价证券，提高贴现率，提高准备率，等等。这些政策可以减少货币供给量，提高利息率，抑制总需求。

5. 什么是“自动稳定器”，它主要有哪几种？

答：所谓“自动稳定器”，是指政府财政政策在不发生变动的情况下，本身会影响社会经济活动，可以自动抵消并缓和经济波动，维持经济的稳定发展。它主要有以下几种：一是政府的所得税制度；二是政府的转移支付，如失业救济；三是政府维持农产品价格的政策等。

参考文献

[1] 陈友龙，缪代文．现代西方经济学．北京：中国人民大学出版社，2002.

[2] 高鸿业．西方经济学（第二版）．北京：中国人民大学出版社，2001.

[3] 何璋．西方经济学（第二版）．北京：中国财政经济出版社，2009.

[4] 李成．西方经济学．广州：暨南大学出版社，2006.

[5] 李翀．现代西方经济学原理（第四版）．广州：中山大学出版社，2003.

[6] 梁小民．西方经济学．北京：中央广播电视大学出版社，2011.

[7] 梁小民．西方经济学基础教程（第二版）．北京：北京大学出版社，2003.

[8] 厉以宁．西方经济学（第二版）．北京：高等教育出版社，2005.

[9] 牛国良．西方经济学．北京：高等教育出版社，2005.

[10] 尹伯成．西方经济学简明教程（第四版）．上海：上海人民出版社，2003.

[11] 蔡继明．宏观经济学．北京：人民出版社，2002.

[12] 李德荃．微观、宏观经济学案例分析．北京：经济科学出版社，2010.

[13] 于善波．西方经济学案例．北京：中国商务出版社，2008.

[14] 周凌霄，孟辉．西方经济学．北京：北京理工大学出版社，2012.

[15] [美] 曼昆．经济学原理．北京：北京大学出版社，1999.

[16] [美] 平狄克，鲁宾费尔德．微观经济学（第四版）．北京：中国人民大学出版社，2000.

[17] [美] 萨缪尔森，诺德豪斯．经济学（第十六版）．北京：华夏出版社，1999.

[18] [美] 斯蒂格利茨．经济学（上、下册）．北京：中国人民大学出版社，1997.

[19] [美] 多恩布什，费希尔，斯塔兹．宏观经济学（第七版）．北京：中国人民大学出版社，2000.

[20] [美] 曼昆．宏观经济学（第四版）．北京：中国人民大学出版社，2000.